UNIVERSITÉ DE FRANCE.

ACADÉMIE DE STRASBOURG.

THÈSE

POUR

LE DOCTORAT

PRÉSENTÉE

A LA FACULTÉ DE DROIT DE STRASBOURG

ET SOUTENUE PUBLIQUEMENT

LE SAMEDI 4 FÉVRIER 1854, A MIDI,

PAR

GABRIEL-VICTOR-JULES DEMONTZEY,

AVOCAT,

de Saint-Dié (Vosges).

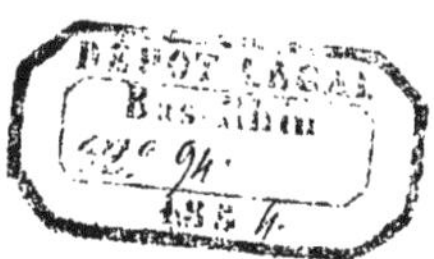

STRASBOURG,

IMPRIMERIE HUDER, RUE DES VEAUX, 27.

1854.

A LA MÉMOIRE DE MA MÈRE.

———

A MON PÈRE.

———

A MA TANTE

MADAME MATELET.

J. DEMONTZEY.

A MONSIEUR DUBOIS,

PROCUREUR IMPÉRIAL A STRASBOURG, CHEVALIER DE L'ORDRE
DE LA LÉGION-D'HONNEUR.

J. DEMONTZEY.

FACULTÉ DE DROIT DE STRASBOURG.

MM. Aubry ✳. . . . . doyen et prof. de Droit civil français.
Rauter ✳ . . . . . . doyen honor. et prof. de procédure
                                    civile et de législation criminelle.
Hepp ✳ . . . . professeur de Droit des gens.
Heimburger . . . . . professeur de Droit romain.
Thieriet ✳ . . . . . professeur de Droit commercial.
Schützenberger ✳ . professeur de Droit administratif.
Rau ✳. . . . . professeur de Droit civil français.
Eschbach . . . . . . professeur de Droit civil français.

Blœchel ✳ . . . . . professeur honoraire.

Destrais. . . . . . . professeur suppléant.
Michaux-Bellaire . professeur suppléant provisoire.
Beudant. . . . . . . professeur suppléant provisoire.

Bécourt, officier de l'Université, secrétaire, agent compt.

MM. Eschbach, président de la thèse.

Eschbach,
Aubry,
Hepp,   } examinateurs.
Destrais,
Michaux-Bellaire,

DROIT FRANÇAIS.

*Études sur le développement parallèle de
la propriété mobilière et de la propriété
immobilière en droit français.*

INTRODUCTION.

A quelque système que l'on se rallie sur le grave
problème de l'origine de la propriété, que l'on considère celle-ci comme une institution du droit naturel,
ou bien comme une création arbitraire du droit positif,
ou bien encore comme le produit du concours simultané et du droit naturel et du droit positif, il faut dans
tous les cas reconnaître que, *quant à son objet*, la propriété
est *une*.

En d'autres termes, qu'elle porte sur des meubles
ou sur des immeubles, la propriété dérive du même
principe, de la même cause; sa raison d'être est toujours identique.

Partant de là, il semble naturel de croire que dans
le développement de l'une et de l'autre, les mêmes

phénomènes, les mêmes vicissitudes ont dû se reproduire : il semble au premier abord que la parité de
principes doive amener l'uniformité dans les résultats.
Cependant il n'en est rien, et l'histoire juridique nous
apprend que, dans tous les temps et tous les lieux, la
propriété *mobilière* et la propriété *immobilière* ont suivi
une marche diamétralement opposée.

La France surtout présente dans son plus grand
éclat, dans ses péripéties les plus intéressantes, le
spectacle de cette singulière rivalité. Aussi, sans toutefois négliger ce qui s'est passé et se passe encore de
nos jours chez d'autres peuples, nous concentrerons
spécialement nos études dans les annales de notre pays.

Faudra-t-il de notre part demander à l'économie
politique, à ses théories abstraites, les véritables causes
que l'on doit assigner à la lutte qui nous occupe? Non,
le but que nous nous proposons est beaucoup plus
modeste; le droit privé, tel est notre véritable terrain.
Rechercher dans les différents monuments de notre
législation civile, les traces de l'antagonisme constant
des meubles et des immeubles, en esquisser à grands
traits les phases successives et les épisodes les plus
saillants, voilà en résumé à quoi se bornera tout ce
travail.

On l'a dit avec beaucoup de justesse : «Le droit est
«l'expression de l'état social, le miroir où les vicissitudes
«de la société se réfléchissent avec le plus de fidélité.»
(M. Rossi, Observations sur le droit civil français, *revue
de législation*, tome XI, janvier - juin 1840, p. 5 - 24.)

«Il y a entre le développement de la législation et
«celui de la société une intime correspondance ; les
mêmes révolutions s'y accomplissent et dans un ordre
«analogue.» (M. Guizot, Histoire de la civilisation en
France, 1840, tome II, page 259.)

D'un autre côté, le fait de l'appropriation, et par

suite la propriété, n'est autre chose que le «résultat d'un
«acte de la liberté, du pouvoir de l'homme, qui se
«porte en dehors de lui-même, qui imprime aux objets
«extérieurs sa volonté, son moi.» (M. Laferrière, Histoire
du droit français, 1836, tome I, page 3.)

Dès lors il est exact de dire : «la propriété, c'est
«l'homme . . . . Une classe de personnes appelle toujours
«une classe correspondante de propriétés» (M. Laferrière,
ibid., page 4). A quoi nous ajoutons pour compléter
l'idée du savant auteur : et *réciproquement*, une classe de
propriétés appelle toujours une classe correspondante
de personnes; car, ainsi que nous le verrons *de cursu
materiæ*, si, en général, c'est l'état des personnes qui
règle la condition des propriétés, très-souvent aussi il
arrive que les relations du sol prévalent sur les relations
personnelles, et qu'elles en fixent la nature et la portée.

Ainsi, tout en étudiant la série des vicissitudes de la
propriété, nous assisterons en même temps, et par une
conséquence nécessaire, aux transformations de la société. Toutefois, hâtons-nous de le dire, ce dernier point
de vue ne sera traité par nous qu'indirectement et
comme accessoire forcé de notre sujet principal, sur lequel il jettera d'ailleurs une vive lumière.

Or, après avoir analysé dans ses détails les plus in-
times, dans chacun de ses états successifs, l'organisation du droit de domaine, si l'on veut, au moyen de la
synthèse, généraliser les notions que l'on a recueillies,
on arrivera, selon nous, à constater trois grandes pé-
riodes dans le développement de la propriété privée.
Prépondérance exclusive de l'élément mobilier, puis *Absorption
complète de celui-ci par la propriété immobilière*, enfin *Renaissance lente d'abord et plus tard rapide de la propriété mobilière
qui tend à écraser sa rivale;* voilà le cachet propre, le caractère spécial de chacune des trois époques que nous avons
signalées.

Est-ce à dire que l'on puisse déterminer avec une précision tout à fait mathématique, le nombre de siècles sur lesquels elles ont étendu, l'une après l'autre, leur sphère d'action? A nos yeux, ce serait un véritable contre-sens que de prétendre assigner une date fixe et invariable à ces révolutions. Elles ne se sont pas opérées d'un seul coup, d'un seul jet. Les événements humains se prètent difficilement à des systèmes plus ou moins ingénieux, bâtis d'avance, et qui heurtent souvent de front le bon sens et la vérité historique. Les réformes brusques sont rares. Que de temps. par exemple, que de ménagements ne faut-il pas, pour qu'un peuple, habitué à rapporter tout honneur, toute puissance à la propriété foncière, aille, passant d'un extrême à l'autre, et brisant son ancienne idole, déifier pour ainsi dire la richesse mobilière qu'il reléguait jadis au rang des choses viles.

On le comprend, ce n'est que par une transition lente, laborieuse, qu'un pareil phénomène peut se produire.

Cela posé, comment vouloir fixer exactement *à priori* le point de départ et la durée de chacune des trois révolutions survenues dans la propriété? Aucune d'elles n'a une limite nettement déterminée, et dans la période intermédiaire qui sert de passage de l'une à l'autre, tout est cahos, confus, pêle-mêle. Tel fait semble démontrer la supériorité de la fortune mobilière, tel autre indique au contraire le règne de la propriété foncière. Il faut donc attendre que ce cahos se débrouille, que de cette lutte désordonnée, l'un des deux éléments, mobilier ou immobilier, sorte vainqueur. Alors seulement il devient possible de rattacher à une idée unique, à une dénomination unique, un ensemble de faits qui révèlent, d'une manière claire et évidente, la prééminence de l'une ou de l'autre des deux branches de toute richesse.

Il nous reste à appliquer ces principes à l'examen séparé de chacune des transformations du droit de domaine.

PREMIÈRE PÉRIODE.

PRÉPONDÉRANCE EXCLUSIVE DE L'ÉLÉMENT MOBILIER.

Dans leur premier âge, toutes les nations ont formé des tribus nomades, des peuplades errantes, sans demeures fixes. Hordes demi-sauvages que le goût des aventures, de l'imprévu, la fantaisie d'un chef, ou l'attaque d'un ennemi plus puissant, transportent aujourd'hui dans un lieu et demain dans un autre. Les annales de l'antiquité nous ont transmis le souvenir de ces migrations quelquefois gigantesques, qui ont, à de certaines époques, bouleversé le vieux monde et changé sa face.

Aussi chez de pareilles bandes tout est mobilité. S'approprier la terre, elles n'y songent même pas; d'ailleurs pourquoi cette appropriation? dans quel intérêt? L'art de bâtir des maisons commodes et stables, est tout-à-fait ignoré de ces hommes. L'agriculture, ils ne la connaissent pas, ou s'ils la connaissent, ils la méprisent. A leurs yeux, la terre n'a de valeur que par ses produits naturels et spontanés : ces produits viennent-ils à manquer, la troupe plie ses tentes, et va chercher ailleurs un pays plus fertile.

Instabilité, pas d'attachement au sol, voilà en définitive le fond du caractère des peuples voyageurs, militaires et chasseurs. Leur seule propriété, elle consiste en armes, en troupeaux, en ustensiles, provisions de blé et autres fruits de la terre. Ajoutez à cela quelques vêtements, quelques charriots, et vous aurez le tableau assez complet de la propriété au premier âge des nations.

Sans doute, un pareil état de choses est loin de ressembler à ce qui, de nos jours, constitue la véritable propriété mobilière. Pour l'économiste, en effet, l'agriculture, le commerce, l'industrie sont les sources de cette branche de la richesse. Or, chez les tribus errantes, pas d'agriculture, pas de commerce, pas d'industrie; quelques-unes ignorent même l'usage de la monnaie. Cependant, en y regardant de près, il est exact de dire que les meubles sont l'élément préponderant ou plutôt unique de la fortune des peuples dans l'enfance. «Ils «ne savent, en effet, ni comprendre ni pratiquer la pro-«priété territoriale.» (M. Giraud, Recherches sur le droit de propriété chez les Romains, 1838, p. 6.)

Que si de ces notions un peu abstraites, nous passons dans la domaine des faits accomplis, de la réalité, tout démontrera la légitimité de cette allégation.

Transportons-nous un instant au sein des forêts séculaires de la Germanie, d'où sont sortis plus tard, pour occuper la Gaule, les Bourguignons, les Visigots et les Francs, ces trois noyaux de la nationalité française. Un guide sûr conduira et éclairera notre marche. Ce guide, c'est Tacite.

Les Germains n'ont pas de propriétés fixes; chaque année le magistrat assigne à chaque famille une certaine quantité de terrain. *Agri pro numero cultorum ab universis per vices occupantur... Arva per annos mutant, et super est ager.* (Tacite, *de moribus Germanorum*, 26.) *Neque,* ajoute Cæsar, *quisquam agri modum certum habet aut fines proprios : sed magistratus ac principes in annos singulos gentibus cognationibusque hominum, qui una coierint, quantum et quo loco visum est, agri attribuunt, atque anno post alio, transire cogunt.* (Cæsar, *de Bello Gallico*, Lib. VI, § XXII.)

L'agriculture, ils la méprisent. *Agriculturæ non student.* (Cæsar, *ibid*.). Ce qu'ils demandent à la terre, c'est sa moisson naturelle. *Sola terræ seges imperatur.* (Tacite, 26.)

En Germanie, pas de villes, pas d'habitations solides. *Nullas Germanorum populis urbes habitari, satis notum est... Colunt discreti et diversi, ut fons, ut nemus, ut campus placuit... Ne cœmentorum quidem aut tegularum usus.* (Tacite, 16.)

De quoi se nourrissent ces peuples? de lait, de fromage et de la chair des animaux. *Majorque pars victus eorum lacte, caseo et carne consistit* (Cæsar, *ibid.*). Les peaux de bêtes sont leurs seuls vêtements. *Gerunt et ferarum pelles.* (Tacite, 17.)

Leurs richesses, on les dénombre facilement; des grains, des fruits, des troupeaux, voilà tout ce qu'ils possèdent. *Terra satis* (en grains) *ferax, frugiferarum arborum impatiens, pecorum fecunda... eæque solæ et gratissimæ opes sunt.* (Tacite, 5.)

Le plus grand bien pour le Germain, c'est sa framée. *Hastas, vel ipsorum vocabulo, frameas gerunt.* (Tacite, 6.)

En quoi consiste la part du butin que le chef distribue, après la victoire, à ses compagnons d'armes? Leur donne-t-il des fiefs, des terres? Non, ce qu'il faut au guerrier, c'est un cheval, c'est une arme. *Exigunt enim principis sui liberalitate, illum bellatorem equum, illam cruentam victricemque frameam.* (Tacite, 14.)

Quand le jeune homme prend une épouse, le douaire, les dons matrimoniaux seront encore des troupeaux, des armes. *Boves et frenatum equum cum framea gladioque.* (Tacite, 18.)

Telle est la propriété chez les Germains : n'est-il pas vrai de dire que l'élément mobilier y prédomine ou plutôt y règne exclusivement?

Et il ne faudrait pas croire que cette esquisse s'applique seulement à la Germanie. Dans les temps les plus reculés, au témoignage de Justin (Des Scythes, liv. II, chap. II), les Scythes se trouvaient dans un état analogue à celui que Tacite attribue à nos pères.

De nos jours, sur certains points du globe, dans l'Amérique septentrionale, l'Asie du nord et l'Afriqne centrale, quelques tribus, d'après les récits de nos hardis explorateurs modernes, reproduisent presqu'identique l'image de la civilisation germaine.

Qu'elle a été la conséquence de cet état de choses? Elle est facile à pressentir. Le cachet du droit de propriété, c'est la mobilité; donc le fond du caractère de ces nations, c'est aussi la mobilité, l'instabilité, la soif de l'indépendance sauvage, de la liberté personnelle. Pas de propriété territoriale, donc pas d'aristocratie foncière. La seule aristocratie, c'est le courage, le mérite. Celui-là est le chef, qui est le plus brave. *Duces ex virtute sumunt.* (Tacite, 7.)

Aussi le droit des Germains est le droit des hommes libres; la loi y est personnelle, nationale: le lieu n'influe en rien sur la variété des statuts.

En résumé, la période de la prépondérance de l'élément mobilier est en même temps la période du règne du vagabondage militaire et conquérant.

DEUXIÈME PÉRIODE.

RÈGNE EXCLUSIF DE LA PROPRIÉTÉ IMMOBILIÈRE.

Les sociétés humaines ne font que reproduire en grand les mœurs, les idées particulières de chacun des membres qui les composent. Les instincts, les besoins, les aspirations de l'individu, se communiquent au corps social tout entier et en règlent les destinées générales. Or, l'homme se dégoûte bientôt de la vie nomade; le sentiment de la fixité, de la stabilité remplace dans son cœur cette espèce de fièvre qui le pousse aux voyages, aux déplacements : pour lui, s'arrêter quelque part, y vivre avec sa famille, devient un impérieux besoin; dès lors le soldat s'est fait propriétaire.

De même, la horde, après bien des siècles de migrations, de brigandage armé, songe enfin à fonder un établissement durable et définitif. Dès lors aussi la bande guerrière est dissoute, désorganisée : à la tribu errante a succédé une nation, une communauté basée sur la propriété foncière.

Ces notions générales trouvent une application frappante dans les annales de notre patrie. A la fin du Ve siècle, l'occupation du territoire gaulois par les Francs, les Visigots et les Bourguignons, est un fait accompli ; la grande invasion germaine touche à sa fin ; les vainqueurs prennent racine sur le sol conquis ; las d'une existence turbulente et désordonnée, ils s'arrêtent, se fixent, s'approprient la terre des vaincus ; la tente mobile du soldat a fait place à l'habitation solide et commode du propriétaire. En un mot, l'ère des migrations est fermée, la propriété territoriale a pris naissance.

Ainsi, un élément inconnu jusque-là préside au nouvel état social qui se fonde. Liberté, personnalité, mobilité, telle était l'âme de la bande guerrière : après l'invasion, au contraire, la relation de l'homme avec le sol a pris une large place dans l'organisation de la vie agricole et sédentaire. A la vérité, c'est bien encore l'état des personnes qui règle la condition des propriétés, la terre du noble est noble, celle du barbare est franche ; mais peu à peu la mobilité, la personnalité s'effacent devant l'importance tous les jours croissante des immeubles, devant les rapports de réalité qui se créent et dont l'influence grandit à chaque instant.

Une immense révolution s'est donc faite dans le régime de la propriété privée. Autant la richesse foncière était incompatible avec la vie errante, autant elle trouve sa place naturelle dans le nouvel ordre de choses ; le rapport libre, spontané, du compagnon au chef, a aussi singulièrement perdu de sa liberté, au contact de la relation réelle produite par l'établissement territorial.

Mais avant que la transformation soit complète, avant que le régime féodal s'implante définitivement en France, que de luttes, quel chaos! Des symptômes évidents trahissent les progrès de la propriété immobilière et la décadence de sa rivale. Jadis, la générosité du roi pour ses fidèles se traduisait en cadeaux d'armes, de chevaux, d'objets mobiliers. A l'époque où nous sommes, les dons de terres succèdent ou du moins viennent s'ajouter aux présents mobiliers. Bientôt ceux-ci auront disparu : l'attachement, le dévouement ne se payeront désormais qu'en immeubles. Le sol sera, pour ainsi dire, la monnaie courante pour récompenser les services rendus; chacun veut posséder, ne fut-ce qu'une parcelle, de ce sol précieux, auquel s'attachent déjà l'honneur, les titres, la richesse.

Jadis encore, le douaire était exclusivement mobilier; sous l'influence de l'entraînement général, il devient bientôt uniquement immobilier[1]. De même la loi de personnelle et nationale, est devenue sociale et territoriale: à la distinction des races a succédé celle des castes et des lieux. Il y avait la loi des Francs, des Bourgui

---

1. Il n'est pas sans intérêt d'étudier la transition qui fit devenir purement immobilière la dot (*dos, sponsalitium, pretium nuptiale, meta, methium* ou *meffium),* jusque-là mobilière. Lindembrog, formule 75, nous a conservé une pièce curieuse à ce sujet. C'est le mode général d'après lequel se faisaient les constitutions de dot après la conquête. «Idcirco, per hanc cartulam libelli dotis... dono tibi et dona «tum perpetuo esse volo *mansos* tantos.

«Insuper etiam dono tibi in *pecoribus*, id est inter boves et vaccas, «inter porcos et verveces, capita tanta, in fabricaturis, id est, in auro «et argento, solidos tantos...»

Ainsi, à cette époque, la dot était mixte ; mais les meubles sont déjà relégués au deuxième rang.

gnons, etc.; il n'y a plus que des priviléges et des coutumes.

D'un autre côté, la tendance constante des possesseurs, des bénéficiaires, est de rendre héréditaires les propriétés qu'ils n'avaient reçues qu'à titre révocable ou viager. Puis, par suite de la commendise ou recommendation, les alleux, c'est-à-dire les fonds francs et libres, se métamorphosent sous la pression de la force en bénéfices, c'est-à-dire en fonds dépendant ou relevant d'un seigneur plus riche.

Or, dès la fin du IXe siècle l'hérédité des bénéfices, déjà consacrée par le traité d'Andelot (587), est définitivement reconnue (Capitulaire de Charles-le-Chauve, 877). A la même époque, la condition bénéficiaire est devenue le régime commun de la propriété. En d'autres termes, plus de rapports de mobilité, de personnalité, de liberté; immobilisation générale, réalité, vassalité : voilà le cachet de la révolution qui vient de s'accomplir. Prédominance des relations du sol sur les relations personnelles, règne exclusif et tyrannique de la propriété immobilière, anéantissement et oubli de la richesse mobilière : telle est la féodalité.

La révolution qui vient de se consommer, la langue juridique la caractérise d'un mot : *vilis et abjecta mobilium possessio.* A la terre, toute puissance, tout honneur; la considération ne s'attache plus à la valeur personnelle de l'homme, mais à sa qualité de détenteur d'une portion plus ou moins grande de territoire. La souveraineté elle-même s'est fusionnée avec la propriété, et c'est à peine si le roi de France parvient encore à se faire reconnaître comme le suzerain de la vaste association féodale.

M. Laferrière l'a très-bien dit : «Considérée en elle-«même, la féodalité c'est la force qui s'unit et s'incor-«pore à la propriété territoriale, qui s'isole et s'immo-

«bilise dans un cercle étroit; c'est la force qui, s'empa-
«rant des hommes et des choses, identifie et subor-
«donne leurs conditions, met les rapports réels à la
«place des rapports personnels, et enchaîne les hommes
«et les choses des liens héréditaires de la vassalité et du
«servage.» (M. Laferrière, vol. I, p. 99.)

Nulle terre sans seigneur, voilà la maxime des Coutumes, de ce droit civil de la féodalité. En d'autres
termes, la vassalité est la règle, la franchise est l'exception. Au Sud de la Loire, dans les pays de droit écrit,
une maxime contraire est admise : Nul seigneur sans
titre. C'est que dans ces villes industrieuses du Midi,
la féodalité avait eu peine à prendre racine ; c'est que
dans ces provinces privilégiées fleurissait le régime municipal romain, et que dès lors une protection égale
couvrait les meubles et les immeubles.

Dans le Nord, au contraire, les Coutumes n'ont de
faveur, de garanties que pour la propriété immobilière;
quant aux meubles, la formule si dédaigneuse, *mobilium
vilis possessio*, est la seule marque d'intérêt qu'on puisse
leur donner; il y a plus, on ne se contente pas de relé-
guer au dernier rang tout ce qui est meuble; la manie
de l'immobilisation va jusqu'à dénaturer des choses
qui, par leur nature, sont cependant mobilières au premier chef. L'homme lui-même devient un immeuble,
l'accessoire de la glèbe.

Ce n'est plus dès lors la condition des personnes qui
règle la condition des propriétés, c'est celle-ci qui
règle la condition des personnes. Il y a deux classes de
propriétés, le fief et l'héritage servile; il y a donc deux
classes de personnes, les seigneurs et vassaux d'une part,
et de l'autre les serfs, c'est-à-dire les hommes inféodés
à la terre qui leur a été concédée à titre révocable.

Du Xe au XIIIe siècle, pendant plus de 300 ans, le
royaume de France, fut, selon l'expression de Mezeray,

régi comme un grand fief. (Mezeray, Abrégé de l'Histoire de France ; Paris 1717, t. I, p. 102.)

En effet, durant cette longue période, tout est fief, ou en d'autres termes , *chose réelle et héréditaire, élément territorial de la féodalité* (M. Guizot, Histoire de la civilisation en France, 1840 , t. III , p. 247), *benevola, libera et perpetua concessio rei immobilis vel æquipollentis* (Pothier, annoté par M. Dupin, OEuvres complètes, Paris, 1827, t. X, p. 51). Ainsi on donne en fief : la gruerie des forêts[1]. — Une part dans le péage ou le rouage d'un lieu. — Le conduit ou escorte des marchands venant aux foires. —La justice[2] dans le palais du prince ou haut-seigneur.— Les places du change dans les villes où on bat monnaie. —Les maisons et loges des foires. — Les maisons où étaient les étuves publiques. — Les fours banaux des villes. — Enfin jusqu'aux essaims d'abeilles qui pouvaient être trouvés dans les forêts. C'est ce qui se voit principalement par les registres de Champagne des XIIe et XIIIe siècles. (Brussel, Nouvel examen de l'usage général des fiefs en France; Paris, 1750, t. I, chapitre I, § XI, p. 42.)

Cette variété, cette multiplicité infinie d'inféodation, amena la distinction des fiefs en corporels ou réels, et incorporels ou boursiers, ou fiefs en l'air. (Laplace, Dictionnaire des fiefs; Paris, 1757, p. 391.)

Tout était immeuble, les hommes aussi bien que les choses, le noble comme le serf. D'un côté, on trouve la règle que le seigneur a droit de suite sur ses serfs. (Institutes coutumières de Loysel, annoté par de Laurière. — Édition de M. Dupin; Paris, 1846, t. I, tit. I, règle

---

1. La gruerie est le droit de prélèvement d'une certaine quantité de bois, droit qui appartient au haut-seigneur sur toute forêt située dans son territoire.

2. Les droits de justice sont compris sous le nom d'héritage, car ils ont pour objet un territoire (Pothier, t. Ier, p. 719.)

LXXXII), et ailleurs on rencontre la maxime : *ancien fief sent la noblesse* (Loysel, *ibid.*, règle IX), ce qui prouve que le fief donnait la noblesse à celui qui le tenait.

C'était un système d'immobilité complète ; aussi la doctrine dut-elle, pour créer une sorte de mouvement, dénaturer certains biens réellement immobiliers et leur donner par fiction la qualité de meubles. Tels sont les cattels ou catteux[1], qui ont, à une certaine époque, joué un grand rôle dans les œuvres des jurisconsultes.

«Sous la féodalité absolue, l'immobilisation était géné-
«rale : tout était immeuble par nature ou destination ;
«l'action attractive de la terre avait enchaîné la société
«toute entière à la condition d'immuabilité. L'homme
«lui-même était immeuble.» (M. Laferrière, tome I,
p. 118.)

Aussi dans de pareilles conditions, la propriété foncière seule a droit à la protection, à l'intérêt du droit civil, tout comme dans l'ordre politique, c'est elle seule qui donne toutes prérogatives. Ouvrons les Coutumes, et à chaque pas éclatera une différence totale entre les garanties assurées aux immeubles et celles dont les meubles sont entourés. Par exemple :

1° Le *retrait lignager*[2] n'a lieu que pour les immeubles réels, pour les héritages (Coutume de Paris, art. 129).

---

1. Est medium quoddam inter utramque vocem, mobilium scilicet et immobilium, eoque appellantur nomine quædam res, quæ *re vera sint immobiles*, in quibusdam tamen provinciis jure mobilium censentur, et pro mobilibus habentur (Ferrière, t. Ier, p. 332, v° Catel).

Sous le nom de cateuls sont compris non-seulement les meubles qui ne peuvent suivre le corps, mais aussi les choses immobilières qui ne sont pas héritages (Ferrière, *ibid.*). Ils tiennent le milieu entre les meubles et les héritages (de Laurière, Glossaire de Droit français, Paris, 1704, t. Ier, p. 202, v° Catel).

Les cateux se trouvaient dans les Coutumes générales et locales d'*Artois*, de Boullenois, de Montreuil, de Beauquesne, etc.

2. Le *retrait lignager* est le droit en vertu duquel un lignager, c'est-à-dire un parent du côté et ligne dont est advenu au vendeur un hé-

Quant aux meubles, ils n'y sont pas sujets. *Mobilium vana et momentaria est possessio.* (Ferrière, Dictionnaire de droit et de pratique; Paris, 1755, t. II, p. 797 et 811, v° Retrait lignager.)

2° La succession aux meubles est loin de ressembler à la succession aux immeubles.

Pour les meubles, c'est le plus proche parent de l'une ou l'autre ligne (paternelle ou maternelle) qui en hérite à l'exclusion de tous les autres, sauf le cas de la représentation [1].

En ce qui concerne les immeubles propres, la règle *paterna paternis, materna maternis* ne permet pas qu'ils passent en des mains profanes. Ils restent à perpétuité, selon leur origine, affectés à la branche paternelle ou maternelle.

3° Les solennités de la vente aux criées ne s'appliquent qu'aux immeubles corporels ou incorporels, et jamais aux meubles. Quelque précieux que soient les meubles, leur valeur ne change rien à la nature de la chose : par conséquent ils ne doivent pas être vendus par décret [2], mais à l'encan. (Ferrière, t. II, p. 307 et 308, v° Meubles précieux.)

4° La rescision de la vente pour cause de lésion d'outre 1/2 est aussi particulière à l'aliénation des hé-

ritage vendu, peut, sous certaines conditions, le retirer des mains de l'étranger qui l'avait acheté.

Ce droit ne s'applique pas aux immeubles fictifs, mais seulement aux immeubles réels qui peuvent faire souche.

1. *Meubles ne tiennent ni côté ni ligne* (Coutume de Lille, art. 9). L'on ne fait pas héritier par testament qui l'on veut de ses propres, mais bien de ses meubles (Loysel, liv. II, tit. IV, règl. VI.)

2. Le décret est un jugement qui autorise la vente en justice au plus offrant et dernier enchérisseur d'un héritage saisi réellement.

Le décret est volontaire (quand il est rendu du consentement des parties pour arriver à la purge par une saisie fictive) ou forcé *(nolente debitore).*

ritages[1]. «Les meubles, quoique précieux, sont moins «estimés que les immeubles.... *Vilis mobilium possessio.*» (Ferrière, t. II, p. 206, v° Lésion d'outre 1/2.)

5° La prescription acquisitive ou usucapion n'est admise par la grande majorité des Coutumes qu'en faveur des immeubles. Pour simples meubles, on ne peut intenter complainte (Loysel, livre V, titre IV, règle XV); leur simple possession vaut titre. La loi romaine ne consacrait pas cette inégalité, et quoiqu'on en ait dit, si, en fait, les Coutumes ont établi la maxime : *En fait de meubles, possession vaut titre*[2], ce n'est nullement en faveur du commerce, mais toujours par suite du système qui excluait les meubles des prérogatives et priviléges accordés aux immeubles.

6° Les meubles suivent la personne de celui à qui ils appartiennent, et se règlent par la coutume de son domicile. Les immeubles, au contraire, suivent toujours la coutume du lieu où ils sont situés.[3]

7° Les donations particulières de meubles ne sont pas sujettes à l'insinuation; au contraire, toute donation, même à titre particulier d'immeubles, doit subir cette formalité.

---

1. Il n'est pas certain que la loi 2 au Code *de rescindenda emptione* ne s'appliquât pas aux ventes mobilières : en effet, le mot *rem* dont se sert cette loi est général.

2. Cette maxime ne se trouve formellement écrite dans aucune Coutume (Klimrath, annoté par Varnkœnig, 1843, t. II, p. 263). Quelques Coutumes accordaient même le droit de suite, l'aveu ou revendication des meubles. Telles sont les Coutumes d'Anjou, art. 146; de La Rochelle, art. 20; d'Étampes, art. 167, etc.

Bourjon (Droit commun de la France, Paris, 1770) a cru devoir réfuter très-longuement l'opinion de Brètonnier, Lapeyrère et Duplessis, qui prétendaient que les meubles étaient susceptibles de prescription acquisitive. Duplessis (Traité des prescriptions, liv. Ier, chap. Ier, p. 488 et 489), estimait qu'avec bonne foi, il faut 3 ans pour prescrire la propriété d'un meuble, et 30 ans quand il n'y a pas bonne foi.

3. Voir page 43 de ce travail.

8° Les meubles n'ont pas de suite par hypothèque (Coutume de Paris, art. 170).

Les immeubles seuls peuvent être grevés de ce droit réel qui réfléchit contre les tiers détenteurs. A Rome, on le sait, l'hypothèque pouvait se constituer tant sur les meubles que sur les immeubles : certaines provinces de droit écrit avaient adopté la jurisprudence romaine avec quelques modifications[1].

9° Une immense différence sépare encore les meubles des immeubles. *La terre* seule produit légalement des intérêts, des fruits civils; les capitaux sont frappés d'improductibilité, d'une stérilité perpétuelle. En d'autres termes, le prêt à intérêt est proscrit au nom de la religion, au nom de la morale, par la législation positive. Ce ne sont pas seulement les intérêts excessifs, usuraires, qu'il est interdit de percevoir, c'est tout intérêt, quelque modique qu'il soit : «défendons toutes manières «d'usures, de quelque quantité qu'elles soient causées, «comme étant de Dieu et des Saints-Pères défendues.» (Ordonnance de Poissy, du 8 décembre 1312.)

Dans de pareils conditions on comprend que la richesse mobilière ne devait inspirer que du mépris. *Vilis mobilium possessio.*

Il est inutile de pousser plus loin cette comparaison des règles contraires qui régissent les meubles et les immeubles en droit coutumier. La tendance marquée de la loi, c'est d'assurer protection quand même à la propriété foncière; quant à la propriété mobilière, elle n'est digne d'aucune garantie, car elle se trouve précisément en contradiction flagrante avec le principe sur lequel repose la société : ce principe c'est l'immobilité,

1. A Rome, les meubles restaient grevés de l'hypothèque, même après qu'ils étaient sortis des mains de leur propriétaire : en Droit écrit, il n'en est pas ainsi; seulement le prix de la vente des meubles se distribue entre les créanciers d'après leur rang hypothécaire.

3

la domination tyrannique du sol, l'assujettissement de l'homme à la terre, la féodalité en un mot.

Telle est la deuxième période que nous avons indiquée dans le développement de la propriété privée. Son caractère est bien net, bien tranché, en ce qui concerne la France du moins; car, dans certains pays, en raison de circonstances particulières et topiques, les choses ne se sont pas passées tout-à-fait de même que dans notre patrie et en Allemagne. En d'autres termes, chez certains peuples, l'établissement territorial n'a pas été le signal de la décadence pour la propriété mobilière.

Nous ne parlerons que des Juifs et des Romains.

La vie nomade et patriarchale fut longtemps celle du peuple hébreu; ce ne fut qu'après bien des siècles que, selon la promesse de Dieu, il pût se fixer sur le territoire arraché aux infidèles; mais enfin, l'occupation une fois consommée, le partage des terres une fois fait par le législateur lui-même, il semble naturel de croire que les Juifs ont dû s'attacher à ce sol, cultivé par eux, arrosé de leurs sueurs. Il n'en a rien été, et l'élément mobilier a toujours conservé la prédominance sur la richesse foncière. D'où vient cette anomalie? La raison il faut la chercher dans les livres saints, dans la constitution même de la propriété immobilière.

Ouvrons le Lévitique : « Et tu sanctifieras la 50e «année, et tu l'appelleras la rémission pour tous les «habitants du pays ; car c'est le Jubilé, chacun retour-«nera en sa possession. (Chap. XXV, verset 10.)

«La terre ne sera point vendue à perpétuité... Verset 23.)

«C'est pourquoi tout le fonds que vous posséderez «se vendra toujours sous la condition du rachat. (Verset 24.)

«Que si il (votre frère) ne peut trouver de quoi ren-

«dre le prix de son bien, celui qui l'aura acheté en
«demeurera en possession jusqu'à l'année du Jubilé;
«car, cette année-là, tout bien vendu retournera à son
«ancien possesseur. (Verset 28.)

«Celui qui aura vendu une maison dans l'enceinte
«des murs d'une ville, pourra la racheter pendant un
«an. (Verset 29.)

«Que s'il ne la rachète point en ce temps-là, et qu'il
«ait laissé passer l'année, celui qui l'a achetée la pos-
«sédera, lui et ses enfants, pour toujours, sans qu'elle
«puisse être rachetée, même au Jubilé. (Verset 30.)

«Que si cette maison est dans une ville non close de
«murailles, elle sera vendue selon le droit des champs;
«et si auparavant elle n'est point rachetée dans le Jubilé,
«elle retournera au maître.» (Verset 31.)

Ainsi on le voit, la propriété rurale est inaliénable,
ou plutôt aliénable sous une cause d'éviction prévue et
connue d'avance, dont l'effet fatal se produit contre la
volonté des parties. La possession urbaine seule (maisons des villes fermées) est irrévocable, lorsque le rachat n'a pas eu lieu dans l'année. Dès lors est-il éton-
nant que le peuple juif ait délaissé la propriété foncière résoluble, pour se jeter à corps perdu dans la richesse mobilière ! Celle-ci du moins était incommutable, non résoluble, et le jobel, cette libération de chaque
50ᵉ année ne venait pas dépouiller le possesseur des effets
mobiliers, fruit de son travail.

C'est donc une circonstance toute particulière qui a
empêché la propriété foncière de prendre en Judée
l'extension et le développement qui suit d'ordinaire
l'établissement territorial des peuples.

A Rome, un autre phénomène a amené le même résultat.

Sans doute, après que le ramassis de brigands qui
fonda la ville éternelle, fut venu s'implanter dans les

pays voisins du Tibre, la tendance vers l'immobilisation cherchaà se manifester. Des symptômes irrécusables la trahissent. Au patricien, l'*Ager Romanus*, c'est-à-dire le signe réel de la supériorité, la plénitude de la capacité civile et politique; au plébéien, la terre sans nom; mais la révolution démocratique (an de Rome 450) renverse bientôt la barrière qui s'élève entre les deux classes de personnes et de biens.

Dès lors, il n'y a plus deux castes de Romains, des patriciens et des plébéiens; mais il y a d'un côté les citoyens romains, et de l'autre les non-citoyens, les peregrins, les barbares. Il n'y a plus deux catégories de terres, l'*Ager Romanus* et le sol sans nom; mais il y a le sol romain et le sol étranger. En un mot, le système municipal avec son égoisme jaloux, a remplacé le système aristocratique foncier.

Dans de pareilles conditions, on le comprend facilement, la distinction des biens en meubles et immeubles devait être de bien peu de poids. Qu'importe qu'une chose soit meuble ou immeuble! On se demande seulement, si, oui ou non, elle est protégée par la loi civile, par le *jus quiritarium;* ainsi les meubles comme les immeubles seront dans ce cas des *res mancipi*, et dans l'autre des *res nec mancipi.*

Le cachet *sui generis* du Droit romain, c'est donc l'esprit municipal, c'est-à-dire l'exclusion étroite et haineuse de tout ce qui n'est pas romain, personnes aussi bien que choses. Les jurisconsultes sont d'accord pour reconnaître que la loi romaine n'établit presqu'aucune différence entre les meubles et les immeubles. «On ne «trouvait pas à Rome... la propriété des immeubles «plus bornée que celle du mobilier.» (Gustave Hugo, traduit par Poncelet; Histoire du Droit romain, 1822, t. I, p. 45). «Le Droit romain n'attache aucune impor-«tance juridique à la distinction des meubles et des «immeubles.» (Klimrath, t, I, p. 161.)

Il y a plus, dans aucun recueil de lois, cette distinction ne se trouve même posée ; et l'on peut dire qu'en règle générale, la propriété mobilière était protégée à l'égal de la propriété foncière. Du reste, on sait qu'à Rome, par suite des conquêtes et des relations commerciales, la richesse mobilière avait acquis, dès l'origine, un développement prodigieux.

Ainsi, garanties égales pour toute espèce de biens, pourvu qu'ils soient du ressort, du domaine du Droit civil, telle est la tendance bien marquée de la législation romaine.

Nous terminerons ici l'examen de ce que nous avons appelé une exception à la marche ordinaire du développement de la propriété privée. Mais cette exception laisse intacte la règle que nous n'avons pas craint de poser, à savoir que l'établissement territorial d'un peuple est d'ordinaire le signal de la prédominance des immeubles et de la décadence des meubles.

TROISIÈME PÉRIODE.

RENAISSANCE DE LA PROPRIÉTÉ MOBILIÈRE.

Inféodation, immobilisation universelle, voilà au commencement du xiv° siècle, la condition des personnes et des choses en France. Pareille situation, on le comprend, ne saurait se perpetuer, car elle est trop antipathique à l'essence même de l'humanité, de la propriété.

L'émancipation commence par les personnes. A tous les degrés de l'échelle sociale, une grande transformation s'accomplit. D'un côté, le serf, c'est-à-dire l'homme immeuble par destination, est déclaré affranchi «par- «ceque, selon le droit de nature, chacun doit naître

« franc. » (Ordonnance de Louis X, le Hutin, du 3 juillet 1315.)

D'un autre côté, le mouvement communal, tenté timidement dès le xie siècle, est arrivé à son épanouissement complet.

Il n'est pas jusqu'à la noblesse elle-même qui ne subisse la pression de l'esprit nouveau : d'inféodée à la terre qu'elle était, elle se métamorphose sous les attaques combinées de la royauté et du tiers-état, en noblesse de race.

En un mot, la personnalité, la dignité humaine, ont recouvré leurs droits légitimes : elles ne sont plus attachées à la glèbe. Jadis, il n'y avait que deux classes de personnes, les seigneurs et les serfs, et par conséquent, deux classes de propriétés, le fief et l'héritage servile; aujourd'hui il y aura trois classes de personnes, les nobles, les gens du tiers-état et les censitaires ou tenanciers : il y aura donc aussi trois classes de propriétés, les biens nobles, les biens roturiers et les censives.

Ainsi, hommes et choses s'étaient peu à peu mobilisés; c'est que de nouveaux besoins commençaient à s'introduire dans la vie des peuples; l'agriculture, le commerce, l'industrie, trop longtemps paralysés par la force oppressive de la féodalité, par l'influence factice et arbitraire donnée aux immeubles, tendent chaque jour à réhabiliter la richesse mobilière. L'esprit d'association, l'enthousiasme religieux qui avait précipité toute l'Europe sur l'Orient, contribuèrent puissamment à faciliter et à préparer cette réforme dans le système de la propriété privée.

D'ailleurs, cette réforme n'est-elle pas pour ainsi dire nécessaire, commandée par la force même des événements? Et en effet, la race nouvellement émancipée que fera-t-elle? prendre place dans un ordre social basé sur la seigneurie foncière, cela lui est impossible. Dès lors, n'est-il pas naturel que dédaignant ce sol dont il leur est interdit de devenir les maîtres, ce sol qui les fait écraser sous le poids des corvées et des tailles, n'est-il pas naturel, dis-je, que ces nouveaux hommes libres s'élancent avec toute l'ardeur de la jeunesse, vers une autre branche de fortune, vers la propriété mobilière qu'ils trouvent dans l'industrie, dans le commerce, dédaignés par la noblesse, parceque faire le négoce c'est déroger!

Les Coutumes elles-mêmes, rédigées en haine de tout ce qui n'est pas immeuble, aideront merveilleusement à cette lutte de l'aristocratie commerciale et industrielle contre l'aristocratie foncière. En effet, les garanties exagérées accordées aux immeubles, au lieu de les protéger, de les conserver sagement, n'eurent d'autre résultat que de les fixer immuablement dans les mêmes mains, de les faire rester à perpétuité dans la même famille. Les meubles, au contraire, grâce à la formule de mépris général (*vilis mobilium possessio*) qui dispensait de s'en occuper, avaient pu librement circuler de mains en mains, se transmettre facilement, faire l'objet de mille et une transactions, et prendre ainsi une importance nouvelle. Tandis que les propres, les héritages ne pouvaient, sans de dispendieuses et interminables formalités, être mis dans le commerce, tandis que, même après leur vente, l'acquéreur pouvait à chaque instant se voir dépouiller par l'exercice du retrait lignager, pendant ce temps-là, à la faveur de la maxime : En fait de meubles possession vaut titre, les meubles pouvaient, sans aucune formalité, être la matière de ventes et de reventes, et devenir ainsi la cause d'opérations lucratives, de marchés avantageux. De plus la propriété mobilière une fois acquise était incommutable, et le retrait lignager n'avait aucune prise sur elle. Aussi tous les efforts se portèrent-ils vers cette nouvelle source de richesses.

La propriété mobilière venait donc se mesurer de nouveau avec sa rivale ; elle s'était relevée du rang infime que lui avait assigné l'époque féodale. Il ne faudrait pas croire toutefois que ce travail de transformation se soit opéré d'un seul coup, d'un seul jet ; non , il a dû passer par bien des peripéties, par bien des vicissitudes ; à proprement parler, ce n'est que tout récemment, de nos jours, qu'il a pu arriver à son expansion la plus complète.

Rien de plus curieux et de plus intéressant que d'en suivre les progrès, les différentes phases dans les monuments législatifs, dans les œuvres des jurisconsultes. C'est surtout dans les livres de la doctrine que nous étudierons ces symptômes , ces sortes de pulsations presqu'insensibles qui révèlent pourtant un enfantement pénible et laborieux. Les Coutumes ne seront pas d'un grand intérêt dans cette recherche ; car, on le sait, depuis qu'en vertu de l'édit rendu par Charles VII à Montil-les-Tours (1453), elles ont été recueillies et rédigées par écrit, elles n'ont pas changé jusqu'à leur abrogation définitive ; on les a appropriées , accommodées tant bien que mal au besoin du moment.

Or, quand on parcourt les divers travaux que nous a légués cette admirable pléiade de jurisconsultes français et allemands , qui a illustré l'ancien droit ; quand on scrute avec soin le principe de leurs théories, un phénomène singulier fixe nécessairement l'attention. D'un côté, quant à la forme, tous sont d'accord pour maintenir dans sa rigueur la maxime *mobilium vilis possessio* ; d'un autre côté, au fonds, tout en respectant en apparence l'axiôme des Coutumes , ils cherchent par des moyens indirects, par des faux fuyants habiles, par des fictions ingénieuses, à en tourner le sens, à l'éluder.

Ainsi, partout dans les livres de nos vieux docteurs, vous trouverez soit formellement, soit implicitement, la maxime générale de dédain pour les meubles. *Vilis et abjecta rerum mobilium possessio,* dit Merenda dans ses controverses sur la possession (*Merendæ controversiæ;* Francfort, 1626, liv. II, chap. XXI, p. 220). *Vana et momentaria mobilium possessio;* voilà comment s'exprime Ferrière, (t. II, p. 797 et 801, v° Retrait lignager). *Vilis mobilium possessio,* ajoute-t-il encore dans un autre passage (t. II, p. 206, v° Lésion d'outre 1/2). La même formule se retrouve dans Bretonnier (Recueil des principales questions de droit; Paris, 1771, t. I, p. 350, v° Meubles). D'autres jurisconsultes, sans reproduire textuellement l'adage, y font des allusions indirectes.

Chose singulière! plus on se rapproche de notre époque, plus les progrès de la propriété mobilière se font vivement sentir, et moins on rencontre dans les auteurs de traces des anciennes idées de la règle coutumière, qu'ils ne rappellent plus que pour mémoire.

D'autre part, une vive préoccupation se remarque: on se demande timidement d'abord, jusqu'à quel point est légitime cette distinction que l'on prétend établir entre les meubles et les immeubles. Merenda va même plus loin; il se pose hardiment la question, et il la résout: «*Cum enim,* dit-il en parlant de la possession, «*possessio rerum mobilium usucapionem pariat, et cætera com-*«*moda tribuat, quæ possessio rerum immobilium affert, cur* «*vilis et abjecta dici debet?*» (*Merendæ controversiæ, ibid.*)

Ces quelques lignes, bien graves pour le temps où elles étaient écrites, trahissent dans toute sa profondeur, dans toute son étendue, le mouvement de réaction qui s'opère en faveur des meubles. L'opinion publique a subi un revirement radical; on commence à comprendre qu'en dehors de la propriété foncière,

il y a une autre branche aussi lucrative de richesses ;
que les meubles doivent occuper une place importante
dans le patrimoine des familles.

Aussi que de préoccupations dans l'esprit de nos
vieux praticiens! que de subterfuges pour assurer à
quelques meubles les garanties que les Coutumes n'ac-
cordent privativement qu'aux immeubles! Jadis, et les
Catteux en sont l'exemple le plus frappant, on cherchait
à mobiliser des choses qui pourtant sont immeubles
au premier chef; aujourd'hui tout a bien changé; la
doctrine s'efforce, par tous les détours possibles, d'immobiliser ce qui, par sa nature, est chose mobilière,
s'il en fut jamais; nous ne parlerons que des rentes et
des offices.

On l'a vu, lors du plus grand développement de la
féodalité, il n'y avait que deux classes de propriétés, le
fief et l'héritage servile; l'héritage servile se transforma
bientôt en *censive*, c'est-à-dire en terre concédée à
charge de *cens:* le cens lui-même ne tarda pas à perdre
son caractère de signe de dépendance réelle, et se
trouva peu à peu métamorphosé en simple redevance,
qui prit le nom de *rente foncière*.

Puis un dernier vestige des idées germaines avait
amené la création de certains emplois, quelquefois héréditaires, qu'on appela *offices*.

Enfin, les capitaux eux-mêmes, frappés jusque-là de
stérilité par la loi, commençaient à protester énergi-
quement contre cette situation défavorable qui leur
était faite. Sur les réclamations générales, le prêt à intérêt, déguisé sous le nom de contrat de *rente viagère*,
fut formellement approuvé et sanctionné par le Saint-
Siége (bulles *regimini* des papes Martin V, en 1424, et
Calixte III, en 1453). Une ingénieuse fiction autorisait
à considérer la redevance annuelle non pas comme un
intérêt, mais comme le prix de l'aliénation à perpétuité
du capital.

«Il faut néanmoins convenir, écrit Pothier, que le
«contrat de constitution a quelque rapport avec le prêt
«à intérêt. Il n'a été inventé que pour qu'on pût se
«passer du prêt à intérêt défendu par les lois de l'É-
«glise, confirmées par celles des princes dans les États
«catholiques, et pour lui substituer un autre moyen
«dont on peut avoir besoin dans une infinité de cir-
«constances de la vie, sans être obligé de vendre ses
«fonds à vil prix» (Pothier, t. III, p. 3). Le capital n'é-
tait donc plus déshérité, improductif[1].

Or, à l'époque où nous sommes, c'est-à-dire vers le
XVIIe siècle, et surtout au commencement du XVIIIe, les
rentes et les offices forment une portion notable de la
fortune privée. Mais si l'on se reporte au criterium de
Dumoulin, *actio mobilis est quæ tendit ad quidquid mobile,
actio immobilis est quæ tendit ad quidquid immobile*, on demeurera facilement convaincu que les offices et les
rentes sont meubles. En effet, la rente, qu'elle soit as-
sise sur un immeuble ou qu'elle ait pour cause la da-
tion d'un capital, n'est autre chose qu'une créance d'arrérages; l'office a pour but la perception d'honoraires,
d'émoluments, évidemment mobiliers. Par conséquent,
en vertu de la règle *actio mobilis est quæ tendit ad quidquid
mobile*, on doit reconnaître que les rentes et les offices
sont meubles. Dès lors, ces deux espèces de biens de-
vront rester soumises aux règles iniques et défavorables
qui régissent les meubles. Il faut donc à tout prix, dût-
on pour cela torturer la lettre et l'esprit des Coutumes,
immobiliser fictivement les rentes et les offices.

Il est intéressant de voir comment Pothier se dévoue

1. Le contrat de constitutition à prix d'argent fut toujours, à cause
de son analogie avec le contrat de prêt, regardé défavorablement.
Ainsi, les arrérages de rentes constituées se prescrivaient par 5 ans ;
les arrérages des rentes foncières ne tombaient pas sous le coup de
cette prescription de courte durée.

28

à cette œuvre difficile; Pothier qui, au frontispice de
son introduction générale, se déclare pour l'axiome :
Actio ad mobile est mobilis, actio ad immobile est immobilis.

Laissons le parler:

«Les Coutumes se sont partagées sur la classe à la-
«quelle devaient être assignées les *rentes constituées.* Quel-
«ques Coutumes les rangent dans la classe des meubles.
«Ces Coutumes ont considéré les rentes comme n'étant
«autre chose que la créance d'autant de sommes d'ar-
«gent, qu'il courra d'années, depuis la création de la
«rente jusqu'à son rachat, et par conséquent comme
«une créance mobilière, suivant la règle ci-dessus ci-
«tée, *actio ad mobile est mobilis.*.... Les autres Coutumes,
«du nombre desquelles est la nôtre, et qui font le droit
«commun, ont au contraire mis les rentes dans la classe
«des biens immobiliers, parce qu'elles ont considéré la
«rente constituée..... comme un être moral et intellec-
«tuel, distingué par l'entendement de ces arrérages.
«qui sont plutôt les fruits que produit la rente, qu'ils
«ne sont la rente même, puisque le créancier les perçoit
«sans entamer ni diminuer l'intégrité de la rente. Or,
«cet être moral a paru, par le revenu annuel et perpé-
«tuel qu'il produit, ressembler aux biens immeubles...,
«On s'est d'autant plus porté à embrasser ce sentiment,
«que les patrimoines d'un grand nombre de familles
«sont souvent composés pour la totalité ou la plus
«grande partie de cette espèce de biens.» (Pothier, t.
X, p. 16.)

Dans un autre passage relatif aussi aux rentes constituées, l'auteur ajoute encore:

« ..... La raison tirée de la ressemblance des rentes
«avec les immeubles, jointe à une autre tirée de ce que
«les rentes constituées composent aujourd'hui la plus
«grande partie du patrimoine, et souvent tout le patri-
«moine d'un très-grand nombre de familles, ont déter-

«miné à les réputer immeubles (Pothier, t. VIII, p.
«105). Les Coutumes ne se sont pas expliquées sur les
«*rentes viagères*....., néanmoins il paraît avoir prévalu
«de réputer immeubles les rentes viagères aussi bien
«que les perpétuelles...» (Pothier, t. X, p. 16.)

Toutefois, il est évident que Pothier penche pour le
caractère mobilier des rentes viagères (t. VIII, p. 105).

Même observation en ce qui concerne les *rentes foncières* (Pothier, t. II, p. 534.)

En ce qui touche les *offices*, le même jurisconsulte
s'exprime ainsi :

«Les offices forment une espèce de biens qui est dans
«le commerce : il a été autrefois incertain sous quelle
«classe on les rangerait, ou sous celle des meubles, ou
«sous celle des immeubles.

«Un office est le droit d'exercer une fonction publi-
«que : il y en a de trois sortes, les domaniaux, les vé-
«naux ou héréditaires et les purs personnels.

«Les domaniaux sont les droits de domaine, auxquels
«est attachée une fonction publique, comme le droit de
«greffe... Ils sont dans le commerce.

«Les offices vénaux sont les offices de judicature et
«de finance. Ils sont censés dans le commerce...

«...La troisième espèce d'offices est celle des offices
«purs personnels, à laquelle il n'y a aucune finance at-
«tachée, et qui sont à la pleine disposition du roi. Tels
«sont les gouvernements, les emplois militaires...

«Ces offices n'étant point dans le commerce, ce n'est
«point sur cette espèce d'offices que peut tomber la
«question si les offices sont meubles ou immeubles. La
«question ne tombe donc que sur les deux précédents.
«Il semblerait que les offices, surtout ceux de la
«deuxième espèce, ne consistant que dans la finance
«qui y est attachée, qui est quelque chose de mobilier,
«devraient être réputés meubles. Néanmoins, les offices

«ayant fait une partie considérable de la fortune des
«particuliers, la jurisprudence s'est introduite de les
«réputer immeubles.» (Pothier, t. VIII, p. 108 et 109.)

Que de détours, de circonlocutions Pothier n'est-il
pas obligé d'employer pour légitimer cette incorpora-
tion dans la classe des immeubles, de choses qui de
leur nature sont évidemment mobilières! Aussi sur le
terrain du droit, des vrais principes, l'auteur ne se
sent pas à son aise; lui, si logique, si conséquent d'ordinaire dans ses déductions, il est obligé de se retran-
cher derrière les usages, derrière la jurisprudence,
derrière cette considération surtout que les rentes et
les offices formant la plus grande portion de la fortune
des particuliers, on a dû, dans des vues d'intérêt général, les entourer des garanties que la loi refuse aux
meubles. Oui, c'est là le vrai, l'unique motif de l'immobilisation des rentes et des offices; qu'on ne cherche
donc pas ce motif dans les principes juridiques; à ce
point de vue, aucun raisonnement ne sera assez fort
pour faire déclarer immeubles ces deux espèces de
biens; car, on le sait, pour appliquer la maxime : *Actio
ad mobile est mobilis*, il ne faut pas s'arrêter à la conséquence prochaine, mais au contraire, à la conséquence
la plus éloignée, au but final et définitif du droit dont
on veut déterminer le caractère; or, ce but final pour
les rentes, c'est la perception d'arrérages qui sont certainement mobiliers; pour les offices, c'est le pouvoir
d'exiger des honoraires, des émoluments mobiliers
aussi : donc, en doctrine pure, les rentes et les offices
sont meubles. Mais que l'on mette en avant des raisons
de bien public, que l'on invoque cette circonstance
qu'une loi inique dénie toute protection aux meubles,
alors tout le monde comprendra la fiction qui a fait réputer immeubles deux classes d'objets aussi importants.

Il éclate donc au grand jour, ce fait que nous signalons, à savoir que la propriété mobilière se réhabilite insensiblement. Si aucun changement dans la législation ne semble révéler ce phénomène, l'École et le Palais s'en font l'interprète fidèle, et suppléent, par des subterfuges habiles, à l'imperfection et aux lacunes de la Coutume.

Il y a plus : «Les Coutumes en déclarant immeubles «les offices, leur avaient néanmoins laissé quelque chose «qui tenait de la nature des meubles, en disant que, «lorsqu'ils étaient vendus par décret, le prix devait en «être distribué au sou la livre, comme celui des biens «mobiliers. Mais l'édit du mois de mars 1683 a rendu «immeubles les offices quant à tous effets, en ordon-«nant que le prix s'en distribuerait par ordre d'hypo-«thèque, comme celui des immeubles.» (Pothier, t. VI, p. 92.)

Ainsi, l'autorité publique vient elle-même ajouter sa haute sanction au pieux mensónge de la doctrine.

Dans les pays de droit écrit, les progrès de la propriété mobilière sont bien plus sensibles encore. Entre beaucoup de faits, nous n'en releverons qu'un seul, mais celui-là est bien grave. A Rome, on le sait, le meuble dotal était aliénable, à la complète disposition du mari, du *dominus dotis*. Mille textes en témoignent (Digeste, *de jure dotium*, loi 1 et loi 7, § 3 ; *de actione rerum amotarum*, loi 24 ; *de manumissione*, loi 21. Code, *de rei vindicatione*, loi 9, etc.). Fidèles continuateurs des traditions justiniennes, les tribunaux du Midi avaient dans l'origine proclamé l'aliénabilité absolue de la dot mobilière. «*Maritus dotem alienare potest, si mobilis est, etiam sine consensu uxoris*», écrivait Pétrus vers la fin du Xe siècle ou au commencement du XIe (*Petri exceptiones legum Romanarum*, chap, 34. Cet opuscule est inséré dans Savigny, Histoire du Droit romain au moyen-age, traduction de Guenoux ; Paris, 1830, t. II, p. 323.)

Plus tard, par suite du développement du commerce, par suite aussi de l'usage général qui s'était introduit de faire renoncer les filles à la succession paternelle, dans leur contrat de mariage, et ce, moyennant indemnité pécuniaire, la dot étant devenue presqu'exclusivement mobilière, la jurisprudence des parlements crut devoir consacrer en droit l'inaliénabilité des meubles dotaux. Brodeau, Henrys, Louet, Bretonnier, Despeisses, etc., dans leurs recueils de plaidoyers et d'arrêts, signalent cette importante réaction.

Ainsi, la force des faits, les besoins de l'époque triomphèrent du texte formel de la loi; la propriété mobilière renaissante fut élevée au niveau de sa rivale et partagea ses garanties, ses règles protectrices.

La révolution qui a anéanti l'importance factice de la terre et relevé le crédit des meubles, est donc un fait accompli; l'École, le Palais, la loi elle-même, lui ont donné leur consécration.

La tourmente de 1793 ne fit qu'ajouter un plus vif éclat à la tendance générale qui portait les esprits vers la richesse mobilière. On alla même beaucoup trop loin. Abolir l'ancienne distinction des héritages nobles et roturiers, détruire les droits de cens, de mainmorte (loi du 4 août 1790), affranchir définitivement les capitaux en reconnaissant la légitimité du prêt à intérêt (loi des 3-12 octobre et 3 novembre 1789); tout cela était très-juste et très-rationel. Mais le sol une fois libre, une fois divisé et jeté dans la circulation par la mise en vente des *biens nationaux,* il ne fallait pas le mobiliser, en faire une monnaie au moyen de ce type territorial qu'on appelait les *assignats* (lois du 10 août 1790 et 28 ventôse an IV), au moyen des cédules hypothécaires (décret du 9 méssidor, an III.)

Autant la manie de l'immobilisation avait été exagérée jadis, autant aujourd'hui on exagerait la fureur de la mobilisation. Les réformes les plus hardies, les plus radicales furent proposées. Nous citerons entre autres le fameux projet du marquis de Ferrière, qui demandait que la propriété foncière fut transmissible par titres négociables, par la voie de l'endossement. Mirabeau lui-même partagea le délire général; selon lui, le papier-monnaie pouvait être la représentation libre et disponible de biens réels. Mais on le sait, le discrédit public protesta bientôt contre cette monnaie de nouveau genre, et fit prompte et bonne justice de toutes les utopies irréalisables des novateurs.

Le Code Napoléon revint à des idées plus sages; mais avant d'examiner la part qu'il fît distributivement aux meubles et immeubles, il importe de se fixer sur la position respective qu'occupaient, relativement l'une à l'autre, en 1800, ces deux branches de la propriété. Un document officiel, irrécusable, servira de base à notre appréciation : c'est l'exposé des motifs du titre I, livre II de notre Code civil, présenté par le conseiller d'État Treilhard dans la séance du 25 nivose an XII. On n'a «pas dû, dit-il, attacher tant d'importance à une por- «tion de terre, autrefois patrimoine unique des citoyens, «et qui aujourd'hui ne forme peut-être pas la moitié de «leur fortune.» (Locré, Législation civile de la France, t. VIII, p. 52 ; Paris 1827.)

Ce jugement sur l'état des choses paraît d'autant moins suspect dans la bouche de Treilhard, que celui-ci se déclare franchement le champion de la richesse foncière, car, dans le même exposé des motifs, il s'exprimait ainsi : «Il fut un temps où les immeubles for- «maient la portion la plus précieuse du patrimoine des «citoyens, et ce temps peut-être n'est pas celui où les «mœurs ont été le moins saines.... Mais depuis que les «communications, devenues plus faciles, plus actives, «plus étendues, ont rapproché entre eux les hommes

«de toutes les nations, depuis que le commerce, en ren-
«dant pour ainsi dire les productions de tous les pays
«communes à tous les peuples, a donné de si puissants
«ressorts à l'industrie, a créé de nouvelles jouissances,
«c'est-à-dire de nouveaux besoins, et peut-être des vices
«nouveaux, la fortune mobilière s'est singulièrement
«accrue, et cette révolution n'a pu être étrangère ni
«aux mœurs ni à la législation,» (Locré, *ibid.*)

Prenons donc pour point de départ les données du savant conseiller d'État rapporteur; elles seront comme un type qui nous servira à juger ce que le législateur de 1804 aurait dû faire et ce qu'il a fait pour les meubles et les immeubles.

D'abord, il faut le reconnaître de bonne foi, le Code Napoléon a fait disparaître la plupart des injustices criantes de l'ancien droit à l'égard des meubles; ainsi, plus de distinction entre les biens, en ce qui concerne leur dévolution par succession, leur qualité de propres, etc. Toutes les *antiquæ fabulæ* qui formaient l'arsenal de la jurisprudence des anciens parlements, toutes ces entraves n'existent plus; comme le travail, la propriété est affranchie.

Mais à côté de ces réformes radicales qui étaient comme le complément nécessaire de la révolution so-ciale de 1789, combien ne rencontre-t-on pas de lacunes, d'imperfection! Le souvenir des vieux préjugés, des vieux intérêts, la crainte peut-être de voir la France abandonner la propriété immobilière pour se précipiter à corps perdu dans le commerce et l'industrie, des rancunes mal dissimulées et provoquées par de récents et malheureux essais de mobilisation du sol*, toutes ces causes réunies contribuèrent à maintenir jusqu'à un certain point une sorte de défaveur pour la richesse mobilière.

M. Rossi a relevé, avec toute l'autorité qui s'attache

à son nom, les principales défectuosités de ce qu'il
appelle la *partie matérielle* du Droit civil , c'est-à-dire de
la partie qui traite des biens indépendamment de l'état
des personnes, des modifications de la propriété, des
manières dont on l'acquiert, dont on la transmet, dont
on la garantit. «Qui ne sait, dit l'illustre publiciste,
«que la jurisprudence lutte péniblement contre le texte
«de la loi, pour appliquer le principe de l'inaliénabi-
«lité du fonds dotal, à la dot mobilière.

«Le Palais est en guerre sur ce point, comme sur
«tant d'autres , avec l'École. C'est que la doctrine con-
«centre son attention sur le texte et les origines histo-
«riques du texte, tandis que les tribunanx placés en
«présence des applications et de leurs conséquences ,
«éprouvent, bon gré, mal gré, l'influence du fait
«économique qui caractérise notre époque, je veux
«dire, l'accroissement de jour en jour plus considérable
«de la richesse mobilière. Ils ne peuvent concevoir que
«la garantie de l'inaliénabilité accordée à la femme qui
«apporte en dot une cabane et un arpent de bruyère ,
«puisse être refusée à celle qui apporte cent mille
«livres de rentes en capitaux mobiliers.

«De même, le tuteur ne peut pas vendre l'immeuble
«du mineur, sans observer des règles et des formalités
«bien nombreuses, bien longues, bien couteuses. La
«fortune du mineur est-elle, au contraire, composée
«de biens meubles , toutes ces précautions disparaissent;
«le tuteur gère à son gré; la confiance du législateur
«est presque illimitée.

«Il est cependant plus facile de vendre des meubles
«que des immeubles; l'opération peut être instantanée,
«clandestine; il suffit de quelques minutes à la Bourse ,
«même au café Tortoni, pour transformer en billets de
«banque un riche patrimoine.

«Preuve nouvelle que le législateur n'a guère pensé

«qu'aux immeubles et à leur revenu. Il a été loin de
«prévoir l'importance actuelle de la fortune mobi-
«lière .... » (M. Rossi, Revue de législation, t. XI, p.
7 et 8.)

C'est là le reproche le plus amer que l'on ait fait aux
rédacteurs de notre Code : il est d'autant plus juste et
plus fondé que l'état exact et comparatif de la propriété
mobilière et de la propriété immobilière était officiellement attesté par une autorité irrécusable.

L'expérience de près de 50 années n'a fait que donner plus de poids aux récriminations qui s'élevaient
déjà lors de la promulgation de notre loi civile. La volonté suprême du législateur de 1804 s'est heurtée
violemment contre les besoins légitimes de l'époque ;
elle cédera devant le courant de l'opinion publique.

Chaque jour signale un progrès de plus pour la propriété mobilière : l'agriculture, le commerce, l'industrie,
vivement soutenus par l'esprit d'association, par les
découvertes récentes, par la rapidité de la circulation,
commencent déjà à constituer une sorte de féodalité
financière, d'aristocratie d'argent.

En vain, des protestations énergiques sont-elles for-
mulées en faveur de la propriété immobilière; en vain,
le savant doyen de la Faculté de droit de Dijon, dans
son fameux traité du domaine de propriété(Dijon, 1839),
fait-il le panégyrique complet de la possession des
immeubles, et invoque-t-il à l'appui de sa thèse l'exis-
tance permanente et assurée des fonds de terre, leur
force productive, le prix d'affection qui s'y rattache;
il a beau représenter la propriété foncière comme la
mère nourricière de l'humanité, comme créatrice de
la civilisation, comme la base de l'organisation civile
et politique de l'État, comme le fondement de l'ordre,
de la tranquillité, du crédit ; en vain M. Proudhon
cherche-t-il à dénigrer la propriété mobilière, en disant

qu'elle est contemporaine de l'état sauvage, de la barbarie; tout ce déploiement d'éloquence, d'arguments sonores et à effet, tout cela est inutile; la soif de la spéculation, l'amour du capital se rient de ces efforts, et la richesse mobilière, si vivement attaquée par M. Proudhon, trouve à son tour son panégyriste dans M. Rossi.

Tous les jours, se révèle avec plus de force et d'énergie, le désaccord de la loi civile avec les nécessités nouvelles, et, comme nous venons de le dire, il n'y a qu'un instant, frappée, ainsi que l'avaient jadis été les parlements, de l'importance croissante de l'élément mobilier, la Cour suprême, à partir de l'année 1819, décide, à l'exemple des anciens tribunaux du Midi, contre le texte formel, contre le vœu de la loi, que la dot mobilière est inaliénable.

Dès 1840, la révolution qui nous occupe est un fait consommé. De même que sous le régime féodal, le sol donnait seul la richesse, la puissance, la considération, de même aujourd'hui toute richesse, toute puissance, toute considération réside dans le capital.

La propriété foncière est absorbée, débordée par sa rivale. «La richesse mobilière, disait à cette époque «M. Rossi, cette richesse si variable, je dirai presque «si capricieuse, aspire évidemment à se placer en pre-«mière ligne; malgré l'irrégularité de ses mouvements, «son niveau s'élève à vue d'œil, et n'en doutons pas, il »s'élèvera de plus en plus.» (Revue de législation, t. XI, p. 23.)

La prophétie de M. Rossi s'est en tous points réalisée : aussi une réforme dans notre système de lois civiles est-elle imminente. On est unanime pour la réclamer. «Il est incontestable, disait en 1850 un hono-«rable magistrat, que depuis la promulgation du Code, «il s'est produit une révolution dans la richesse pu-

«blique. La fortune mobilière, grâce aux merveilles de
«l'industrie, si puissamment servies par les découvertes
«modernes, s'est accrue dans une énorme proportion,
«et elle est appelée à jouer dans les transactions un
«rôle auquel le législateur ne pouvait s'attendre. Une
«nature de biens qui comptait alors à peine dans les
«patrimoines, y entre aujourd'hui pour une part con-
«sidérable. C'est là un phénomène arrivé à tout son
«développement, et la fortune mobilière, après avoir
«grandi sans arrêter l'essor de sa rivale, mérite que la
«loi lui accorde, en partie au moins, les protections et
«les garanties réservées aux biens-immeubles.» (M. Le
Normant, premier avocat-général à la Cour d'appel
d'Orléans, discours de rentrée, *Gazette des Tribunaux* du
6 novembre 1850, p. 1257.)

«Le Code Napoléon est loin de s'être occupé de la
«richesse mobilière avec le même soin que de la pro-
«priété foncière. Autant il a mis d'attention à entourer
«celle-ci d'une protection quelquefois exagérée, autant
«il a méconnu souvent l'importance de celle-là. De là,
«entre ses dispositions des anomalies singulières. De
«là, dans certains cas, les efforts des tribunaux pour
«faire fléchir la lettre de la loi, en vue de prévenir les
«inconséquences choquantes qui peuvent en résulter.»
(Dalloz, Répertoire de législation, de doctrine et de jurisprudence, Paris, 1847, t. VI, v° Biens, n° 13, p. 185.)

Tous les commentateurs les plus récents du Code
Napoléon, MM. Demolombe, Marcadé, Roustain, Bonnier et Ducaurroy, etc., s'accordent aussi à reconnaître
tout ce qu'il y a de choquant dans l'inégalité calculée
des protections accordées par la loi aux meubles et immeubles.

De nos jours, cependant, l'équilibre, si violemment
rompu, paraît tendre à se rétablir ; du moins la législation moderne semble concentrer tous ses efforts à

entourer d'égales garanties les deux branches de la propriété. Nous n'en voulons pour preuve que ce vaste ensemble de dispositions réglementaires qui, à l'époque où nous sommes, ont organisé parallèlement les institutions de crédit mobilier et de crédit foncier[1].

Déjà l'art. 10 de la loi des 15, 22 mai 1850, relative aux mutations par décès et entre-vifs de biens meubles, avait posé en principe la parité, l'égalité absolue et mathématique des immeubles et des meubles devant l'impôt ; à ce propos, il ne sera pas inutile de citer quelques lignes du rapport présenté à l'Assemblée-Législative au nom de la commission chargée d'examiner le projet du gouvernement. Ce projet n'assujettissait les transmissions mobilières qu'aux 2/3 des diverses quotités de droit établies pour la transmission d'immeubles de même espèce.

C'est la commission qui a proposé l'assimilation complète des droits.

«La loi du 22 frimaire an VII, a-t-elle dit, en fixant «la quotité des droits imposés aux transmissions de «toute nature, avait admis deux principes applicables «aux valeurs mobilières et immobilières pour leur «transmission par décès ou à titre gratuit entre vifs.

«L'un ......

«L'autre consistait à placer dans des conditions plus «favorables les valeurs mobilières, comparativement aux «valeurs immobilières.

«Le gouvernement a cru que cette faveur excessive «pour les valeurs mobilières ne se justifiait plus au- «jourd'hui en présence de l'immense développement «qu'elles ont acquis et des revenus qu'elles produisent

---

1. Crédit foncier ; décrets des 28 février, 9 avril 1852, 10 décembre 1852, 9 mai 1853, 10-15 juin 1853.

Crédit mobilier ; décret du 18 novembre, 8 décembre 1852.

«généralement. C'est un préjudice apporté à la fortune
«publique, contrairement à ce que veut l'équité....»
(Rapport de M. Gouin, n° 7. — *Moniteur* du 17 mars
1850.)

Lors de la discussion publique de cet art. 10 de la
loi des 15-22 mai 1850, la question de l'assimilation
de la propriété mobilière et de la propriété immobilière fut nettement posée et nettement résolue. «Avant
«la loi de frimaire an VII, dit M. Gasc, les valeurs mo-
«bilières n'étaient assujetties à aucun droit; la raison en
«est bien simple, c'est qu'alors les valeurs mobilières
«ne constituaient pas la fortune de la France. En l'an
«VII, les valeurs mobilières augmentent; mais il y avait
«une innovation à faire, et on la fit avec quelque ré-
«serve. C'est la raison pour laquelle le législateur de
«l'époque établit une sorte de gradation, et n'assimile
«pas les valeurs mobilières et les valeurs immobilières.
«Mais depuis l'an VII, depuis 1815, depuis 1830, je de-
«mande si les valeurs mobilières ne constituent pas la
«fortune du pays aussi bien que les valeurs immobiliè-
«res. Eh! bien, peut-on laisser des capitaux immenses im-
«productifs pour le trésor public, des valeurs mobilières
«considérables qui ne donnent pas de produits au tré-
«sor. Il y aurait injustice à le faire.....»

«Les valeurs mobilières, dit à son tour M. Gaslonde,
«se sont accrues, se sont multipliées, ont grandi dans
«notre pays : aujourd'hui le patrimoine se compose de
«valeurs mobilières autant que d'immeubles.....»

Enfin M. Prosper de Chasseloup-Laubat, résumant
les débats parlementaires, s'exprima ainsi : «.....Nous
«avons voulu faire une assimilation qui était réclamée
«depuis longtemps, entre la richesse mobilière et la ri-
«chesse immobilière.»

Il est impossible de mieux préciser le but du législateur moderne.

Ce sont là les premiers symptômes de la réhabilitation officielle et efficace de la propriété mobilière. Son importance est aujourd'hui nettement définie et précisée. Espérons qu'une sage réforme dans les parties défectueuses de nos Codes, viendra compléter le grand œuvre commencé sous d'aussi heureux auspices, et qu'au lieu de constituer les meubles et les immeubles en état d'antagonisme juridique et permanent, on s'efforcera de les placer côte-à-côte, sur la même ligne, en les couvrant, *mutatis mutandis,* des mêmes garanties comme en leur imposant les mêmes charges.

Après avoir analysé dans ses détails les plus intéressants, la rivalité de la propriété mobilière et de la propriété immobilière, si nous voulons d'un seul coup-d'œil, embrasser cet immense panorama qui s'est déroulé devant nos yeux, la généralisation résumera ainsi tout ce que contient ce travail :

Au premier âge des peuples, *prépondérance exclusive de l'élément mobilier.* La propriété foncière est inconnue, car l'attachement au sol est antipathique avec les goûts de mobilité, de vagabondage, qui distinguent le barbare.

Bientôt, cependant, le goût de la stabilité s'empare de l'esprit du guerrier : il se fixe à perpétuelle demeure, s'immobilise; une ère nouvelle commence, c'est le *règne tyrannique de la propriété immobilière.*

Longtemps écrasée et méprisée, la richesse mobilière se relève peu à peu, grâce au commerce, grâce à l'agriculture, grâce à l'industrie; elle aspire à s'élever au niveau de sa rivale, à participer à ses règles protectrices; cette nouvelle période est celle de la *renaissance de la propriété mobilière.*

6

Enfin, le terme de la lutte, c'est l'équilibre des deux branches de la richesse.

Telle est, en résumé, l'étude que nous avons entreprise. La méthode suivie par nous dans le cours de cette dissertation, est bien simple : c'est celle que recommandait le plus grand de nos publicistes, et qui consiste à éclairer l'histoire par les lois, et les lois par l'histoire. (Montesquieu, Esprit des lois, liv. XXXI, chap. II.)

Une seule chose nous reste à faire, c'est d'examiner plus spécialement au point de vue juridique, l'un des épisodes de la rivalité des meubles et des immeubles. Nous parlerons des *meubles appartenant en France aux étrangers*; c'est là un de ces sujets qui, dans l'ancien Droit, préoccupait vivement les jurisconsultes, et qui de nos jours est encore plein d'actualité et d'intérêt.

APPENDICE.

Des meubles appartenant en France aux étrangers.

Il est dans notre nouveau Droit peu de problèmes juridiques qui aient soulevé autant de controverses, que celui de savoir par quelle loi doivent être régis les meubles appartenant en France aux étrangers. Ce n'est pas à dire que dans notre ancienne jurisprudence il ne s'élévât pas quelques divergences, relativement à l'application aux meubles des différents statuts, soit réels, soit personnels, soit mixtes ; mais ce qu'il faut bien constater, c'est que le terrain de la lutte n'est plus aujourd'hui ce qu'il était jadis.

Avant 1789, la discussion se renfermait exclusivement dans les théories statutaires, c'est-à-dire dans la législation civile et privée ; nous le démontrerons dans un instant ; mais depuis que la révolution française, depuis surtout que le Code Napoléon ont, par leur action délétère, enlevé tout élément de vitalité à ces inextricables ambages de nos vieux patriciens, depuis, en un mot, que la distinction des diverses espèces de statuts a perdu tout objet, la question est évidemment déplacée ; elle a changé de point de vue ; il ne s'agit plus d'une question de droit civil, il s'agit, au con-

traire, d'un point de souveraineté, de droit international privé.

C'est pour avoir méconnu ces principes si simples,
que la plupart de nos docteurs modernes sont tombés
dans une grave erreur. Pour soutenir que sous l'empire de nos lois actuelles, les meubles appartenant en
France aux étrangers, doivent être régis par la loi du
domicile de ces étrangers, ils s'appuient sur la maxime
coutumière : *mobilia sequuntur personam ; ossibus personæ inhærent ;* mais cette règle n'avait pas sous les Coutumes
la portée et le sens qu'on prétend lui donner aujour-
d'hui ; elle était purement et simplement du domaine
du *jus privatum.* Or, transporter dans la sphère du droit
international privé un axiome de droit civil, n'est-ce
pas s'exposer volontairement à tomber dans les plus
étranges inconséquences !

Nous disons que, sous le régime des statuts, l'adage
mobilia sequuntur personam était du ressort de la législation
civile ; nous le prouvons immédiatement.

Tout d'abord, la règle était-elle explicitement posée ?
Oui, la grande majorité des Coutumes provinciales et
locales, la grande majorité des jurisconsultes en reproduisent la substance.

«Le meuble suit le corps.....» (Institutes coutumières de Loysel, liv. II, tit. I, règle XIII.)

«En succession, les meubles suivent la personne ou
«le corps ou son vray demicile,» dit de Laurière (Glossaire du Droit français, t. II, p. 114, vᵒ Meubles), en
citant la Coutume d'Amiens, art. 96, et la Coutume de
Cambrai, titre des Successions, art. 15.

«Les meubles sont régis par la loi ou la Coutume du
«domicile du propriétaire, ils sont censés suivre la per-
«sonne.» (Bourjon, le Droit commun de la France ;
Paris, 1770, t. I, liv. II, tit. I, chap. I, nᵒ 21.)

«Immobilia bona non sequuntur personam, sicut mobilia.»

(*Thesaurus locorum communium jurisprudentiæ Augustini Barbosæ*, Lyon, 1668, liv. IX, chap. IX, p. 604.)

« *Regula : mobilia sequuntur personam.* » (*Carpzovii promptuarium juris; Lipsiæ et Zittaviæ*, 1727, t. I, p. 149.)

« *Mobiles ex conditione personæ legem accipiunt.* » (*Hertii commentationes;* Francfort, 1737, t. I, *de Sociabilitate*, sect. IV, § 6.)

« *Mobilia personam sequuntur ad ejusque domicilii statutum devolvuntur. (Jacobi Mœstertii tractatus juris;* Leyde, 1664, p. 9.)

« *Mobilia sequuntur personam, ac inhærent ossibus personæ.* » Jean Godefroid Baverus, *opuscula academica*; Leipsig, 1787, t. I, p. 434.)

Ainsi, pas de doute, la règle était généralement admise au moins en ce qui concerne les successions ; nous disons généralement et non pas universellement, car quelques Coutumes la repoussaient d'une manière absolue.

Par exemple :

La Coutume de Saint-Omer-sous-Artois (imprimée en 1553) porte, art. 57 : «Les biens meubles suivent le «corps et la Coutume du lieu où le possesseur est allé «de vie à trépas.»

De même la Coutume de Lille, article 6, dit : «Les «biens meubles d'un trépassé suivent le corps, et se «partissent selon la Coutume dù lieu de la maison mor-«tuaire.»

On le voit, sous l'empire de ces deux lois spéciales, les meubles avaient une assiette fixe, non pas au domicile réel du défunt, mais dans le lieu de son décès, ce qui est bien différend.

Entre les jurisconsultes, toute la difficulté roulait purement et simplement sur l'application de tel ou tel statut dépendant de la même souveraineté. Cela est si vrai, que le grand problême d'alors consistait à savoir

si l'adage *mobilia sequuntur personam, ossibus personæ inhœ-
rent*, devait appartenir au statut personnel ou au statut
réel.

D'Argentré tenait pour le premier système : « *Situm
« habere negantur mobilia, nec loco contineri dicuntur, propter
« habilitationem motionis et translationis ; quare statutum de bonis
« mobilibus vere personale est.* » (Coutume de Bretagne,
art. 218, gloss. 6, nº 30 ; art. 447, gloss. 2, nº 3.)

Boullenois de son côté se déclarait pour la réalité ;
selon lui et Burgundus, les meubles ont une assiette
fixe au lieu du domicile de leurs possesseurs. (Réalité et
personnalité des statuts, t. I, p. 338.)

Au surplus, quoique partant d'un point de vue diamétralement opposé, les deux Écoles s'accordaient à
faire régir les meubles par la loi du domicile.

Une preuve bien plus évidente encore que dans
les discussions des docteurs, ils s'agissait exclusivement
de controverses statutaires, c'est que, quand il arrivait
par hasard de poser la question sur le terrain de la
souveraineté, sur le terrain des rapports des divers
États entr'eux, dans ce cas, disons-nous, on avait re-
cours à d'autres arguments puisés tout à fait en dehors
des théories du droit privé. Jean Voet (*Comm. ad pan-
dect.* Livre I, partie II, titre IV, nº 11) a abordé ce nouveau côté du problême. Lui, qui montre tant de scru-
pules pour le respect de l'indépendance réciproque des
souverainetés, viendra-t-il dire que la règle *mobilia
sequuntur personam* est au-dessus des souverainetés ? Non,
ce qu'il mettra en avant, ce ne sera pas un axiôme
rigoureux et inflexible, supérieur aux législations positives ; ce sera au contraire une sorte de politesse, d'égard
des peuples les uns pour les autres. « C'est, dit-il, par
« une espèce de courtoisie (*comitati*) des souverainetés
« entr'elles, plutôt que par un principe du droit (*magis
« quam rigore juris*), qu'elles admettent, pour les meubles

«qui se trouvent dans leur territoire, l'extension du
«statut du domicile à une autre souveraineté.»

Jean Voet termine enfin en reconnaissant que la
juridiction suprême sur les meubles appartient toujours
au juge du territoire sur lequel ils se trouvent actuellement. Au surplus, il convient de remarquer que l'opinion émise par l'auteur est tout à fait théorique, spécu-
lative, car, à l'époque où il écrivait, le droit des gens
était loin d'être arrivé à un développement suffisant,
pour que les idées généreuses de Voet fussent susceptibles d'une application pratique.

La règle *mobilia sequuntur personam* était donc purement
statutaire.

Au surplus, une autre considération suffirait à elle
seule pour justifier notre manière de voir; c'est l'existence du droit d'*Aubaine*, de ce droit immoral qui, aboli
par la loi du 6 août 1791, et rétabli partiellement par
le Code Napoléon, ne fut définitivement supprimé que
par la loi du 14 juillet 1819.

Or, qu'était-ce que le droit d'Aubaine ? Ce privilége
régalien consistait en ce que le seigneur est, en vertu
de sa seule qualité, l'héritier direct et naturel de tous
Aubain ou Épave décédé dans son territoire. «*Aubains*
«sont hommes et femmes qui sont nés dehors le
«royaume, si prochain, que l'on peut connaître les
«noms et nativitez de tels hommes et femmes..... *Espaves*
«sont hommes et femmes nés dehors le royaume, de si
«lointains lieux que l'on ne peut au royaume, avoir
«connaissance de leurs nativitez.» (Bacquet, du droit
d'Aubaine, 1re partie, chap. IV, § 19 et 20.)

Dans l'origine, l'Aubain ou Épave était serf, ou du
moins, s'il était vrai qu'il vivait libre, il mourait serf,
c'est-à-dire, qu'il ne pouvait tester que jusqu'à concur-
rence de cinq sous ou pour œuvres pies, et qu'il avait
pour héritier le seigneur duquel il était couchant et
levant.

Sous l'empire de pareilles prohibitions, on ne dira certes pas que la règle *mobilia sequuntur personam* fut faite en vue des étrangers !

Plus tard, quand, grâce aux progrès de la civilisation, la condition de l'Aubain se fut un peu améliorée, une incapacité, tirée des idées fiscales, fut maintenue par les Coutumes. «Quoique, dit Pothier, les étrangers «puissent faire toutes sortes de contrats entre-vifs, quoi-«qu'ils puissent disposer, par cette voie, des biens qu'ils «ont en France, soit à titre onéreux, soit à titre gratuit, *«ils ne peuvent cependant disposer des biens qu'ils ont en France,* «*soit par testament, soit par tout autre acte à cause de mort, en* *faveur d'étrangers ou de regnicoles.*» (Pothier, t. VIII, p. 28.)

Il y a plus : «les étrangers ne peuvent transmettre «leurs successions à leurs parents étrangers ou regni-«coles, ni recueillir les leurs.» (Pothier, t. X, p. 30.)

Telle était la règle ; la succession testamentaire ou *ab intestat* de l'Aubain ne peut, dans aucun cas, appartenir à ses héritiers, même français, ni, *a fortiori*, à ses héri-tiers étrangers. Quelques exceptions étaient pourtant faites, mais ces exceptions, loin d'affaiblir la règle ordi-naire, lui donnent au contraire une force nouvelle.

Ainsi :

1° Des lettres-patentes datées de Dieppe, 1475, ac-cordent aux étrangers demeurant en Languedoc le droit de disposer de leurs biens meubles et immeubles, par testament ou autrement, comme il leur plaira. Cette ordonnance parle expressément des meubles et des immeubles, d'où nous pouvons tirer très-logique-ment cette conséquence que, devant le droit d'aubaine, il n'y avait aucune différence entre les deux espèces de biens. En effet, si on eut appliqué au mobilier de l'é-tranger, demeurant en Languedoc, l'axiome *mobilia se-quuntur personam*, il n'y aurait pas eu besoin que les lettres-patentes de 1475 établissent une dérogation formelle aux principes généraux, et cela en faveur des meubles.

De même, différents édits accordèrent exemption analogue du droit d'aubaine aux villes de Calais (1599), de Dunkerque (1662), de Longwy (1684), etc.

2º La Coutume de Vitry portait, art. 72 : «Par cou-«tume, en noblesse ne gît pas espavité, qui est à enten-«dre que les nobles natifs et demeurant en pays d'Al-«lémagne, Brabant, Lorraine, Barrois, ou ailleurs hors «du royaume, succèdent à leurs parents décédés, soit «qu'ils fussent demeurant audit royaume ou ailleurs, ès-«biens délaissés par leur trépas, audit bailliage, meubles «ou immeubles, nobles ou roturiers.» Nouvelle preuve qu'il fallait pour les meubles comme pour les immeu-bles, une exception textuelle aux règles ordinaires du droit d'aubaine.

3º «Le droit d'aubaine n'a lieu ès-biens meubles de «tout marchand étranger qui est venu en France pour «y trafiquer et y est décédé.» Tel est la teneur d'un arrêt de règlement du 27 juillet 1579, rapporté par Bacquet (du Droit d'Aubaine; Paris, 1668, chap. XV, nº 3). C'était, comme on le voit, un privilége accordé aux marchands des foires, privilége qui leur était spé-cial et auquel on ne pouvait participer en sa seule qualité d'étranger.

4º Les ambassadeurs et gens de leur suite, peuvent, en vertu d'un usage admis, d'une tolérance toute par-ticulière, transmettre la succession des meubles délais-sés par eux en France (Pothier, t. VIII, p. 31). C'est la jurisprudence qui a consacré ce point de droit. Or, s'il fallait une exception pour les ambassadeurs étrangers, il faut convenir de bonne foi qu'il est impossible de prétendre que la fiction qui répute les meubles au do-micile de leur possesseur, ait été imaginée en faveur des non-regnicoles.

Au surplus, Pothier l'enseigne en termes non équi-
voques : «Si on excepte ces cas particuliers, les aubains
«ne peuvent pas avoir d'héritiers. Leurs propres en-
«fants, soit qu'ils soient établis dans le royaume ou
«non, ne peuvent même leur succéder. Les biens que
«les étrangers ont en France appartiennent au roi à
«titre d'aubaine.» (Tome VIII, p. 31.)

En présence d'une déclaration si énergique de prin
cipes, osera-t-on encore soutenir que la règle *mobilia
sequuntur personam* était non-seulement une disposition
statuaire, mais de plus une disposition de droit international privé ! Non, cette fiction n'avait été créée que
pour les regnicoles seulement, pour les Français habitant le ressort des différentes provinces ressortant de la
souveraineté française.

D'ailleurs, cette seule circonstance que le sort des
meubles dépendait, non pas de la *nationalité*, mais du
domicile de leur propriétaire, ne prouve-t-elle pas
surabondamment l'exactitude de notre proposition? Si
l'axiome *mobilia sequuntur personam* avait été fait en vue
des étrangers, on ne se serait certainement pas attaché
à une simple question de domicile, mais à la question
de nationalité; pour donner une assiette fixe aux meubles, on n'aurait certainement pas été choisir le lieu
du domicile de leur possesseur, car ce lieu est excessi-
vement variable, ambulatoire au premier chef; on aurait de préférence consulté la *nationalité*, car c'est une
qualité qui suit l'individu partout où il se trouve, et
parce que, du reste, les lois personnelles dominent toujours chacun de nous, dans quelque pays qu'il se trans-
porte. Or, puisqu'on disait *mobilia sequuntur personam ;
ossibus personæ inhærent*, il était bien plus naturel d'appliquer aux meubles la loi personnelle de leur maître,
et non la loi du lieu de son domicile. Donc, puisqu'on
n'avait égard qu'au domicile, nous avons raison de dire

que la fiction qui nous occupe, n'était qu'un simple précepte de droit privé, applicable aux regnicoles, quel-que fût le statut français sous l'empire duquel ils se trouvaient actuellement.

Dans de pareilles conditions, on comprend parfaite-ment l'importance et l'utilité d'une pareille fiction. La multiplicité des Coutumes générales et locales (il y en avait plus de 360) qui se partageaient le sol du royaume, et faisaient de celui-ci, selon la belle expres-sion de Portalis, comme une société de sociétés, la va-riété des usages particuliers à chaque ville, suffiraient à elles seules pour légitimer, au point de vue de la lo-gique, la mesure adoptée d'un commun accord dans le but de simplifier le système des successions déjà si compliqué.

Mais aujourd'hui que l'unité dans la constitution po-litique et civile, ce rêve de tous les rois depuis Louis XI, aujourd'hui que l'unité dans la législation, si ardem-ment appelée par les vœux unanimes de nos vieux pra-ticiens, aujourd'hui, disons-nous, que l'unité dans l'État et dans la loi sont des faits accomplis, doit-on encore se placer au même point de vue que jadis, pour résoudre le problème que nous étudions? Nous ne pou-vons le penser, et une pareille manière de procéder ne nous semble pas de nature à produire un résultat satisfaisant.

Cependant, depuis la promulgation du Code Napo-léon, on ne craint pas, en général, d'affirmer, sur la foi de notre ancienne jurisprudence, que les meubles ap-partenant en France aux étrangers doivent être régis par la loi du domicile de ces étrangers, ou, en d'autres termes, que la règle *mobilia sequuntur personam* doit en-core être appliquée dans nos idées modernes.

Nous devons dire de suite qu'une réaction très-vive, à la tête de laquelle on compte d'éminents jurisconsultes, a tout récemment cherché à saper dans sa base l'opinion si accréditée et qu'on avait adoptée pour ainsi dire sur l'étiquette du sac, l'opinion qui prétend maintenir dans toute sa rigueur un principe autrefois vrai (au moins relativement), mais complétement erroné aujourd'hui.

M. Mailher de Chassat (Traité des statuts, 1845, p. 94, n° 61) pose la question en ces termes : *Peut-on considérer les meubles comme dépendant de la loi personnelle plutôt que de la loi réelle, et dès lors est-ce la loi du domicile plutôt que la loi de la situation qui doit les régir?*

Qu'est-ce que la loi personnelle, qu'est-ce que la loi réelle? Sans vouloir pénétrer ici dans cet inextricable labyrinthe des anciennes discussions statuaires, il faut pourtant, afin de bien saisir la discussion qui va suivre, indiquer ce qu'on entend généralement dans la science juridique actuelle par ces mots : *loi personnelle, loi réelle.*

La loi *personnelle* est celle qui affecte directement et uniquement l'état de la personnel et lui imprime telle qualité, sans aucun rapport avec les choses, si ce n'est accessoirement et indirectement.

La loi *réelle* est celle qui a pour objet le régime des biens indépendamment de la personne, et qui ne s'occupe de la personne qu'indirectement.

La loi personnelle, d'après la convention et l'usage tacite des nations, suit l'individu en quelque lieu qu'il se trouve. Le Code Napoléon porte, art. 3, § 3 : «Les «lois concernant l'état et la capacité des personnes ré-«gissent les Français, même résidant en pays étran-ger.»

La loi réelle n'agit que dans les limites du territoire national. Le Code Napoléon porte, art. 3, § 2 : «Les im-«meubles, même ceux possédés par des étrangers, sont «régis par la loi française.»

Dumoulin disait déjà en parlant du statut : *In quantum agit in res, restringitur ad sitas intra suum territorium — in quantum agit in personam, restringitur ad suos subditos.*

Avec ces données nous pouvons, dès maintenant, pénétrer au cœur de notre sujet.

Au problême formulé par M. Mailher de Chassat, deux solutions sont proposées.

Le premier système veut que les meubles appartenant à un étranger en France, soient régis par la loi du domicile de cet étranger. C'est dans ce sens que se prononcent MM. Merlin (Répertoire, v° Loi, § 6, n° 5) — Fœlix (Droit international privé; Paris, 1843, n°37) — Mailher de Chassat (n° 61) — Duvergier sur Toullier (t. Ier, p. 100) — Duranton (Cour de Droit civil français, t. Ier, n° 90, p. 55, Paris 1844) — Boileux et Poncelet (Commentaire sur le Code civil, 1842, p. 8) — Zachariæ (Droit civil français, t. Ier, p. 56)— Dalloz (Répertoire de législation, de doctrine et de jurisprudence, 1847, t. VI, v° Biens, n° 12), etc. En un mot, l'immense majorité des auteurs.

Le deuxième système soutient la théorie contraire, et veut que les meubles comme les immeubles soient indistinctement régis par la loi de leur situation réelle. MM. Marcadé (Droit civil français, 1850, t. Ier, p. 55) — du Caurroy, Bonnier et Roustain (Commentaire théorique et pratique du Code civil, 1848, t. Ier, p. 14 et 15, n° 25), ont brillamment soutenu cette thèse que M. Merlin avait primitivement adoptée (Repertoire, v° Jugement, § 7 *bis*).

Il y a bien encore un troisième système qui est comme une espèce d'intermédiaire entre l'absolutisme des deux autres; M. Demolombe (Cours de Code civil, 1845, t. Ier, p. 103, n° 94) en est le père. Selon l'honorable auteur, il n'y a pas de règle exclusive, et tout en adoptant, en principe général, la maxime qui soumet

les meubles à la loi étrangère, il faut dans l'application
conserver une certaine latitude et faire de nombreuses
réserves. «Ainsi, dit-il, on comprend que cette maxime
«soit considérée comme de droit des gens, comme un
«acte de courtoisie et de convenance réciproque envers
«les nations qui la pratiquent aussi envers nous.......
«....mais ces motifs n'existeraient pas à l'égard des na-
«tions qui appliqueraient chez elles un principe con-
«traire.... Je m'expliquerai donc bien qu'on appliquât
«chez nous la loi française, si un intérêt français s'y
«trouvait engagé.»

La théorie proposée par M. Demolombe est, comme
on le voit, un moyen terme, un essai de conciliation
entre les deux systèmes, dont l'un adopte et l'autre repousse franchement la règle *mobilia sequuntur personam*.
Malheureusement, le savant professeur ne s'est pas
aperçu que son opinion, basée sur la réciprocité, est en
contradiction flagrante avec le prescrit formel de l'art.
11 du Code Nap. En effet, cet article porte: «L'étranger
«jouira en France des mêmes droits civils que ceux qui
«sont ou seront accordés aux Français par les *traités* de
«la nation à laquelle cet étranger appartiendra.»

Le Droit français n'admet donc en pareille matière
que la réciprocité diplomatique; il prohibe d'une manière absolue la réciprocité tacite et virtuelle, pure et
simple. M. Demolombe (t. Ier, p. 287, no 241) reconnaît lui-même que tel est le sens de l'art. 11 : dès lors,
comment, au cas qui nous occupe, peut-il admettre la
réciprocité tacite et virtuelle!

Ainsi, le système mitoyen créé par le savant professeur de la Faculté de droit de Caen, ce système n'est
pas heureux, et, puisqu'il adopte, en principe général,
la théorie qui soumet les meubles à la loi étrangère, ce
sera un partisan de plus qui viendra se réunir à MM.
Duranton, Zachariæ, Fœlix, etc.

Examinons donc les arguments fournis par les deux camps opposés et jugeons.

La première doctrine se formule ainsi :

Les meubles sont régis par la loi du domicile de leur propriétaire, et spécialement les meubles appartenant en France à un étranger sont régis par la loi du domicile de cet étranger.

On énonce la deuxième en ces termes :

Les meubles sont, sans exception, régis par la loi de leur situation réelle, quelque soit leur propriétaire.

Et tout d'abord, ces deux systèmes, si contradictoires en apparence, ne le sont que très-peu au fond ; car, par suite des nombreuses concessions faites par le premier au deuxième , il n'y a plus aujourd'hui divergence entre eux que sur un point unique, mais ce point est capital.

Les défenseurs de la règle *mobilia sequuntur personam* comprennent parfaitement que ce serait une anomalie, une impossibilité juridique que de vouloir l'appliquer sans distinction aux meubles possédés par les étrangers en France. Par exemple, si la loi du domicile de l'étranger rejette la maxime *en fait de meubles possession vaut titre,* est-ce que pour cela cet étranger pourra se prévaloir de la fiction *mobilia sequuntur personam,* et prétendre que les meubles qu'il possède en France doivent échapper au principe posé par l'art. 2279 du Code Napoléon? Autre exemple : les voies d'exécution sur les meubles ne sont pas les mêmes dans notre patrie que celles usitées dans le pays où l'étranger a son domicile ; cet étranger sera-t-il fondé à invoquer l'emploi de la procédure civile étrangère pour ce qui concerne la saisie de ses meubles qui se trouvent actuellement en France ? Non évidemment, car il répugne d'admettre qu'un étranger quelconque puisse, sous le plus futil des prétextes, faire revivre, pour les objets mobiliers, une prescription acquisitive, que le législateur français n'a pas voulu

consacrer ; il répugne d'admettre qu'un étranger quelconque puisse se soustraire aux moyens de coërcition
consacrés par l'autorité publique française pour mettre
sous la main de la justice les biens mobiliers d'un débiteur ; qu'il puisse méconnaître la souveraineté de
notre pays, par ce seul motif que la loi de son domicile
prohibe l'emploi des mesures rigoureuses qu'on déploie
contre lui.

Or, en partant de ce raisonnement si simple et en
l'adaptant aux différentes espèces que présente la pratique, les partisans du premier système arrivent à faire
une distinction ingénieuse. M. Demelombe l'expose en
ces termes : «Ce n'est que par suite de la relation juri-
«dique qui existe entre la personne et *l'universalité* de ses
«meubles, qu'on peut soumettre ces meubles à la loi du
«domicile du propriétaire. D'où la conséquence que
«toutes les fois que cette relation juridique n'existera
«pas ou sera brisée, les meubles considérés *individuelle-*
«*ment* ne seront plus régis que par la loi de leur situa-
«tion actuelle.» (M. Demolombe, t. Ier, p. 104, n° 96.)

Ainsi, dans cette théorie, la règle *mobilia sequuntur per-*
sonam n'est applicable que dans le cas où il existe une
relation juridique entre la personne et l'universalité de
ses meubles ; quant aux meubles considérés individuellement, ils sont régis par la loi de leur situation actuelle.

Par exemple, la loi française gouverne seule les meubles appartenant en France aux étrangers, en ce qui
concerne :

1° Les effets de la possession (Code Napoléon, art.
2279).

2° Les effets des priviléges (Code Napoléon, art. 2099
et suiv.).

3° La défense de donner des meubles en hypothè-
ques (Code Napoléon, art. 2114).

4º Les effets de l'espèce de nantissement que l'on nomme gage (Code Napoléon, art. 2072 — 2084).

5º Les voies d'exécutions déterminées par le Code de procédure civile (art. 557 — 672). Déjà notre ancienne procédure avait consacré ce principe : *Regula, mobilia sequuntur personam capienda est de materia successionis; non judiciaria (Carpzovii Promptuarium juris)*, t. Iᵉʳ, p. 149). Jean Godefroi Baverus *(Opuscula Academica* (t. Iᵉʳ, p. 434) s'exprime de la même manière. — Voir Cour de Paris, 25 août 1842 (Dalloz, Répertoire de jurisp. 1851, t. XII, vº Consul. , nº 37).

6º Le droit de l'État sur les meubles delaissés par l'étranger décédé sans héritiers, ou dont la succession est abandonnée (Code Napoléon, art. 539).

7º La confiscation spéciale dans le cas où elle est admise (Code pénal, art. 11, 180, 286, 314. — Loi du 27 mars 1851, art. 5, etc.)

Ces deux derniers points étaient déjà constants avant 1789. «Les meubles sont régis par la loi ou la Cou- «tume du domicile du propriétaire; ils sont censés «suivre la personne — sauf en cas de confiscation et de «déshérence. — Dans l'un et l'autre cas, les meubles «sont donc considérés comme ayant une situation fixe; «le seigneur a les meubles qui se trouvent dans l'éten- «due de son territoire (Coutumes d'Anjou, art. 41 et «168). — La raison de cette double exception est, que «dans l'un et l'autre cas , le droit du seigneur est réel «et comprend généralement tout ce qui se trouve dans «l'étendue de sa haute justice.» (Bourjon, le Droit com- «mun de la France, t. Iᵉʳ, liv. II, tit. Iᵉʳ, chap. Iᵉʳ, nᵒˢ 21, 22, 23 et 24.)

8º Les prohibitions d'aliéner certains objets (Code Napoléon, art. 1598. Loi du 19-22 juillet 1791, tit. Iᵉʳ, art. 29, décret du 6 messidor an III, etc.)

9º L'interdiction d'exporter tels ou tels objets mobiliers (décret du 1ᵉʳ octobre 1853, décret du 10 avril 1813, etc.)

10° Le tribunal devant lequel l'étranger doit être assigné pour les actions mobilières intentées contre lui par un Français (*forum competentiæ*)[1]. S'il s'agit d'une action personnelle mobilière, on s'attachera à l'art. 59, § 1 du Code de procédure civile ; s'il s'agit d'une action réelle mobilière, ce sera le § 3 dudit article qui sera applicable. Quant aux délais de l'assignation, il faut se reporter aux art. 73 et 74 du même Code.

Tels sont les principaux exemples relevés dans les livres de doctrine.

Les deux systèmes que nous examinons, appliquent donc également la loi française aux meubles de l'étranger, toutes les fois qu'il s'agit de tel ou tel meuble considéré comme objet particulier, ou, pour mieux dire, lorsqu'il ne s'agit pas d'une universalité juridique (*universitas juris*) de meubles, car les universalités de fait (*universitas facti*) partagent le sort des meubles envisagés individuellement.

Examinons maintenant ce qu'il faut décider en matière d'*universalité juridique*, c'est-à-dire, en matière de *succession*. Sur ce terrain, les partisans et les adversaires de la règle *mobilia sequuntur personam*, s'éloignent complétement : les uns appliquent la loi du domicile, les autres, la loi de la situation réelle.

En faveur de la théorie qui se prononce pour la loi du domicile, on dit : «Le patrimoine semble devoir «être régi par les lois qui règlent l'état et la capacité «de la personne à qui il appartient.

«On ne conçoit pas en effet de patrimoine, abstrac-

---

1. Le droit pour le regnicole d'assigner l'étranger devant nos tribunaux est formellement inscrit dans l'art. 14 du Code Napoléon pour toute action civile indistinctement (Cour de Paris, 17 novembre 1834 ; Dalloz, 36, 2, 74.)

«tion faite d'une personne qui le possède; en d'autres
«termes, les biens d'un individu ne forment ce tout
«idéal qu'on appelle patrimoine, que par suite d'un
«rapport juridique établi entre ces biens et cet indi-
«vidu.

«Le patrimoine, qui n'est point un objet extérieur,
«se confond donc en quelque sorte avec la personne
«qui en est propriétaire.

«Il résulte de là que la succession testamentaire ou
«*ab intestat* d'un étranger, devrait être régie par la loi
«du pays de cet étranger.» (M. Zachariæ, t. Ier, p. 56.)

«.... De quoi s'agit-il?.... de régler la transmission
«du patrimoine, c'est-à-dire, de ce tout idéal, distinct
«et indépendant de chacun des meubles individuelle-
«ment qui le composent.

«Or, cet être purement intellectuel ne se conçoit
«que par la relation avec la personne du propriétaire.
«Donc, c'est à la loi qui régit cette personne, à régir
«aussi les effets de cette relation juridique.» (Demolombe,
t. Ier, p. 103.)

Voilà, sans contredit, l'argument le plus solide sur
lequel on puisse étayer la théorie que nous combattons.
Oui, il est vrai, le patrimoine est un être idéal, intellectuel, qui ne se conçoit pas sans l'individu qui en
est propriétaire; par conséquent, en droit pur, ce patrimoine doit être régi par la loi personnelle de cet
individu, c'est-à-dire par la loi qui préside à sa capacité
absolue et spéciale de disposer, par la loi qui le suit
partout, en quelque pays qu'il se trouve.

Sans doute, en passant ces principes au creuset de
la plus sévère logique, il est impossible de ne pas en
proclamer la justesse et l'exactitude juridique et pour
ainsi dire mathématique; aussi reconnaissons-nous
que le raisonnement de M. Zachariæ, sur le terrain où
il se place, ne peut prêter le flanc à la plus légère

attaque ; mais, si le raisonnement est inattaquable , le point de départ ne nous semble pas exempt de critique, et c'est M. Demolombe lui-même, qui , tout en voulant reproduire la théorie de M. Zachariæ , nous fournit une arme redoutable contre ses propres déductions. Laissons le parler lui-même : «De quoi s'agit-il? .... de «régler la transmission du patrimoine . . . .» Oui, voilà le véritable nœud de la difficulté; il ne s'agit pas ici du patrimoine *in se*, il s'agit tout simplement de la transmission des biens qui composent ce patrimoine. Or , n'est-il pas naturel que cette transmission qui touche aux points les plus délicats de la souveraineté, soit réglée exclusivement par la loi du territoire sur lequel ils se trouvent actuellement?

M. Zachariæ raisonne donc en théorie pure sur le patrimoine *in se*, tandis que nous, nous raisonnons en droit appliqué, sur la transmission du patrimoine; aussi est-il impossible que nous tombions d'accord. C'est en partant du même principe que le célèbre professeur d'Heidelberg, acceptant les dernières conséquences de l'unité absolue du patrimoine, va jusqu'à dire que les immeubles possédés, par exemple, en France, par un Anglais, doivent être régis par la loi anglaise. Or, l'art. 3, § 2 du Code Napoléon, l'art. 2 de la loi du 14 juillet 1819, protestent hautement contre une pareille doctrine; toutes les législations positives étrangères reproduisent la règle absolue posée par le souverain français; tels sont: le Code bavarois (partie III, chap. II, § 17); le Code général de Prusse (introduction, § 32); le Code d'Autriche (§ 300); le Code de Pologne (art. 3); le Code de Sardaigne (art. 12); le Code de Hollande (art. 7); le Code de Vaud (art. 2); le Code de Berne (art. 4); le Code de Fribourg (art. 1ᵉʳ); le Code de Louisiane (art. 9), etc. Notre ancien Droit disait déjà : «*Immobilia bona, nulla habita ratione originis* «*aut mortis, vel domicilii, deferuntur secundum statuta locorum* «*ubi sita sunt.*» (*Jacobi Mœstertii Tractatus juris*, p. 9.)

Comprendrait-on, par exemple, que, sous prétexte d'une vaine unité de patrimoine, on vint vouloir appliquer en France le droit d'aînesse, les principes féodaux, en un mot, des droits tout à fait contraires aux dispositions organiques de la constitution gouvernementale de notre patrie! Évidemment cela est impossible: le principe politique, la souverainete territoriale sont indivisibles et couvrent tout ce qui est sur le sol. Chaque nation est maîtresse chez-elle: élle n'admet et ne peut admettre aucun supérieur, aucun contrôle étranger: toute loi qui a les biens pour objet principal, c'est-à-dire, qui ne s'occupe des personnes qu'indirectement, accessoirement, comme moyen, pour atteindre finalement les biens, toute loi réelle en un mot, excerce son empire sur le territoire entier, *statuta realia clauduntur territorio;* par conséquent, la loi étrangère ne peut avoir aucune action, à quelque titre que ce soit, sur les immeubles nationaux: peu importe que la succession (*ab intestat* ou testamentaire) qui comprend des immeubles en France, soit exclusivement déférée à des héritiers étrangers; dans tous les cas, la règle de l'art. 3, § 2 du Code Napoléon s'élève à la hauteur d'une maxime d'ordre public, et aucune considération, quelque grave qu'elle soit, n'en saurait faire fléchir larigueur.

Toutes les fois donc qu'une succession comprendra des biens immeubles situés en pays différents, on opérera d'après la règle *quot sunt bona diversis territoriis obnoxia, totidem patrimonia intelliguntur* (Cour de cass., 14 mars 1837 et 12 décembre 1843; Sirey, 37, 1, 195; 44, 1, 74). Dans notre ancienne jurisprudence, d'Argentré, Voet, Gail, etc., se déclaraient déjà pour cette maxime que combattait Cujas. (Foelix, n° 42.)

Dès lors, si le principe de M. Demolombe est inap-

plicable aux immeubles, pourquoi serait-il applicable
aux meubles? De deux choses l'une, le patrimoine,
quant à sa transmission, est *un*, et alors on doit appliquer la loi personnelle du propriétaire aussi bien aux
meubles qu'aux immeubles; ou *il ne l'est pas*, et alors on
doit appliquer la loi de la situation réelle aussi bien
aux meubles qu'aux immeubles. Cette conséquence est
rigoureusement exacte. Partant de là, M. Muhlenbrüch,
partisan quand même de l'unité et de la personna-
té dans le patrimoine, repousse toute distinction
entre les meubles et les immeubles par rapport à la
loi qui les régit. Sa seule raison est que l'opinion contraire établirait une différence entre la succession dans
les meubles, et celle dans les immeubles. (Fœlix, n° 37.)

D'un autre côté, s'il est vrai, comme le disent MM.
Zachariæ et Demolombe, que c'est la loi qui régit la
personne, qui doit aussi régir la relation juridique entre
cette personne et son patrimoine, si cette proposition
est admise, la règle *mobila sequuntur personam* se trouve
par cela seul formellement condamnée. En effet, d'a-
près quelle loi prétend-on faire régir les meubles de
l'étranger en France? C'est, disent tous les auteurs, par
la loi du domicile de cet étranger. Or, prenons un
exemple : un Anglais, domicilié en Espagne, meurt en
délaissant en France des valeurs mobilières. Dans le
système de M. Demolombe, quelle loi devra-t-on appliquer à ces valeurs? C'est la loi qui régit la personne;
car le patrimoine, cet être purement intellectuel, idéal,
ne se conçoit que par sa relation avec la personne du
propriétaire. On appliquerait donc la loi anglaise,
puisque la nationalité ne se perd pas par l'acquisition
d'un domicile en pays étranger[1]. Mais M. Demolombe

1. L'étranger, même celui admis à fixer son domicile en France
(C. Nap., art. 13), n'en reste pas moins étranger, et comme tel soumis

reconnaît, avec l'unanimité des jurisconsultes, que l'on devra seulement avoir égard à la loi du domicile, c'est-à-dire à la loi espagnole ; car les meubles sont censés avoir une assiette fixe au centre légal des intérêts de chaque individu. Il y a contradiction évidente : de plus, il y a conflit entre la loi anglaise et la loi espagnole ; pourquoi ne pas prévenir ce conflit en soumettant à la loi française des choses qui se trouvent sur le sol français ?

Pour soutenir que la règle *mobilia sequuntur personam* est applicable de nos jours aux meubles délaissés en France par un étranger, on se retranche encore derrière le silence de l'article 3 du Code Napoléon à l'endroit des meubles. Ce silence, dit-on, est calculé ; en n'édictant pas une disposition nouvelle, les rédacteurs de ce Code ont voulu faire entendre qu'ils confirmaient l'antique tradition ; d'ailleurs, ajoute-t-on, en soumettant formellement à la loi française les immeubles mêmes possédés par les étrangers en France, l'article 3 a excepté virtuellement les meubles. *Inclusio unius est alterius exclusio : qui dicit de uno, negat de altero.*

Nous ne nous arrêterons pas à combattre la faiblesse de l'argument *a contrario* ; depuis longtemps, il est reconnu qu'il a fort peu de valeur ; quant au silence, soi-disant calculé du législateur, qui aurait voulu

aux lois de son pays en tout ce qui touche sa capacité personnelle. Par son admission à s'établir en France, il reçoit un bienfait, celui de jouir de nos droits civils ; mais ce bienfait ne saurait être tourné contre lui, en lui faisant perdre l'appui des lois personnelles de son pays (M. Duranton, t. Ier, p. 95, no 141 ; Cour de cassation, 1er février 1813, Sirey, 13, 1, 113 ; Cour de Paris, 13 juin 1814, Sirey, 1815, 2, 67). D'ailleurs, l'étranger n'étant pas Français, il faut bien qu'il reste sous l'empire d'une loi personnelle quelconque.

D'un autre côté, la capacité générale de transmettre *ab intestat* ou de disposer par testament est une loi évidemment personnelle (arg., C. Nap., art. 903 et 904.)

ainsi confirmer les anciens principes, nous n'aurons pas beaucoup à insister ; car nous croyons l'avoir démontré, la règle *mobilia sequuntur personam* n'était jadis qu'un précepte statutaire à l'usage des regnicoles français, habitant les diverses parties de la souveraineté française ; dès lors l'on ne peut pas dire que le Code Napoléon, par son mutisme, ait voulu maintenir une disposition qui, depuis l'unité dans la constitution de l'État et dans la législation, n'avait plus aucune portée.

La situation actuelle est loin de ressembler à celle d'avant 1789 : les provinces anciennes, bien que régies par des Coutumes différentes, dépendaient toutes du même pouvoir politique ; maintenant, il n'y a plus seulement la diversité des lois, il y a en outre la différence de gouvernement et de nationalité ; par conséquent, les motifs de décider, qu'on faisait valoir autrefois en matière de conflit des statuts provinciaux et locaux, ne peuvent, dans la situation nouvelle des choses, servir de point de départ dans les questions que soulève le conflit des lois nationales et des lois étrangères.

Récemment encore, il arrivait à nos adversaires de soutenir que, dans l'ancienne jurisprudence, la maxime *mobilia sequuntur personam* appartenait au droit des gens ; M. Fœlix (n° 57) l'affirmait positivement sur la foi de Brodeau, de Choppin et de Poullain du Parc. M. Merlin lui-même, après avoir primitivement partagé notre manière de voir, était tout à coup passé dans le camp de nos adversaires. Voici ce qu'il disait d'abord : «La «fiction d'après laquelle les meubles sont réputés situés «dans le domicile de la personne, n'a lieu que lorsque «les meubles se trouvent dans la même souveraineté «que le domicile de la personne ; elle cesse si les meu-«bles sont dans une souveraineté et le domicile dans «une autre ; parce que cette fiction est de pur droit «civil, et que le droit civil d'un État est limité à cet «État.» (Répertoire, v° Jugement, §. 7 *bis.*)

Plus tard, par une véritable apostasie, le même auteur s'exprimait ainsi: «A la rigueur, cette fiction ne devrait «pas dépasser les limites de chaque souveraineté ; mais «la loi qui rétablit expressément dans un État, ou qui, «sans l'établir expressément, l'y suppose (comme le «Code civil) en pleine vigueur, peut se prêter, par «une sorte de courtoisie, à ce qu'elle agisse même au «dehors.» (Répertoire, v° Loi, § 6, n° 3.)

Aujourd'hui, les commentateurs modernes de nos lois s'empressent de reconnaître qu'avant 1789 la fiction *mobilia sequuntur personam* était purement du ressort du *jus privatum*. M. Demolombe (t. Ier. p. 103) le dit formellement : la Cour de cassation elle-même, a implicitement adopté cette manière de voir, en rejetant un pourvoi dirigé contre un arrêt de la Cour de Bastia, lequel arrêt porte ce qui suit : «la maxime *mobilia sequun-* «*tur personam* n'est applicable qu'aux cas où les meubles «sont situés dans divers lieux sous la même souve-raineté.» (Cour de Bastia, 12 mai 1827 ; arrêt de rejet de la Cour de cassation du 9 février 1831 ; *Journal du Palais,* 1831, page 1201.)

Ainsi, il n'est pas logique d'argumenter des idées anciennes pour soutenir que le silence du Code a laissé debout et dans toute sa puissance la fiction qui réputait les meubles au domicile de leur propriétaire.

D'un autre côté, faut-il dire avec M. Demolombe (*ibid.*) que : «s'il est vrai que la maxime *mobilia* ait pris «d'abord naissance dans le Droit civil, il est bon de «l'ériger aujourd'hui en maxime de droit international. «Cette courtoisie est habile et politique ; elle est fondée «sur les convenances mutuelles des peuples et sur leur «commun intérêt.» Sans doute, il est fort possible qu'il y aurait de la courtoisie de la part des nations à stipuler entr'elles réciproquement l'application de la règle *mobilia sequuntur personam;* mais ce qui est certain, c'est que, dans l'état actuel de la question, rien de pareil n'existe, et si, par exemple, le Code prussien (Introduction, art. 28 et 34), ainsi que le Code autrichien (art. 300), soumettent la fortune mobilière d'un étranger à la loi de sa juridiction ordinaire, dans d'autres pays, tels que la Bavière (Code bavarois, partie Ire, chap. II, § 17), le canton de Berne (Code bernois, art. 4), les meubles sont formellement placés sous l'empire de la loi de leur situation actuelle, *lex rei sitæ.*

Les partisans de l'adage, *mobilia sequuntur personam,* ajoutent encore : «La règle d'après laquelle la loi du «territoire régit tous les biens qui y sont situés, ne s'é-«tend pas aux meubles.

«Par la nature même des choses, les meubles soit «corporels, soit incorporels, n'ont pas, à l'égal des im-«meubles, une assiette fixe dans l'endroit où ils se trou-«vent de fait; ils dépendent nécessairement de la per-«sonne de l'individu à qui ils appartiennent, et ils su-«bissent la destination qu'il lui donne.

«Chaque individu étant légalement censé avoir réuni «sa fortune au lieu de son domicile, c'est-à-dire au «siége principal de ses affaires, on a toujours regardé «en droit les meubles comme se trouvant au lieu du «domicile de celui à qui ils appartiennent.» (M. Fœlix, n° 37.)

«...Les meubles n'ont une valeur civile que par leur «destination. Attachés à l'homme, comme son acces-«soire naturel et nécessaire pour ses biens, son agré-«ment, unis à lui comme la moëlle est à l'os, ils le sui-«vent en tous lieux. Ils sont donc de fait et de droit «situés au lieu de son domicile, bien qu'ils puissent «matériellement en être éloignés.» (Cour de Paris, 1er février 1836; Sirey, 36, 2, 171.)

«...Les meubles, en effet, n'ont pas d'assiette fixe, de
«situation permanente; ils sont ambulatoires comme
«la personne, aujourd'hui dans un lieu et demain dans
«un autre; de là cette fiction de droit qui les répute
«situés au domicile de la personne.

«Cette fiction est logique, car c'est dans ce lieu que
«le propriétaire est présumé avoir son établissement
«principal et toutes les habitudes de sa vie.

«Elle est équitable, car il ne faut pas que les droits
«des successeurs dépendent d'un pur effet du hasard,
«de ce que le propriétaire, par exemple, sera décédé
«pendant son séjour dans une ville étrangère, ou même
«pendant un voyage dans une auberge. (Demolombe,
t. Ier, p. 103.)

Ainsi, c'est parce que les meubles sont ambulatoires,
sans situation permanente, qu'il faut les réputer cons-
tamment situés au lieu du domicile de leur propriétaire. Cet argument, il faut l'avouer de bonne foi, est
bien faible. Comment, pour donner une assiette fixe,
immuable aux meubles, on choisit le lieu du domicile
de leur propriétaire, c'est-à-dire une circonstance variable, fortuite, un pur accident; car le domicile est
chose essentiellement ambulatoire, surtout dans nos
principes modernes, puisqu'il suffit pour changer de
domicile du fait d'une habitation réelle dans un autre
lieu, joint à l'intention d'y fixer son principal établissement, et qu'en outre la preuve de cette intention résulte non-seulement d'une déclaration expresse et au-
thentique, mais encore peut résulter des circonstances
(Code Napoléon, art. 103-105.)

D'ailleurs, nous l'avons déjà dit, le véritable but de
la fiction *mobilia sequuntur personam*, est de faire régir la
succession mobilière de l'étranger par sa loi personnelle,
et cependant, dans beaucoup de cas (toutes les fois que
l'étranger n'aura pas son domicile dans son pays na-

tal), il arrivera qu'on n'appliquera ni la loi personnelle, ni la loi de la situation, mais bien une tierce loi,
celle du domicile. Et l'on vient dire que le système des
successions est simplifié par la théorie que nous combattons.[1]

Ce n'est donc pas à ce point de vue qu'il faut se placer pour résoudre le problème posé par M. Mailher de
Chassat ; c'est sur le terrain de la souveraineté. Or, la
souveraineté est indivisible ; elle s'étend sur les biens
de toute nature qui se trouvent sur le territoire, qu'im
porte que ces biens soient meubles ou immeubles.
Sans doute, l'action efficace de la loi sera plus constante,
plus énergique sur les immeubles que sur les meubles, car ceux-ci peuvent être facilement déplacés, tandis que les premiers restent toujours invariablement
sujets au lien de fait qui les incorpore au sol. Mais en
définitive, il n'y a que deux lois, la loi des personnes
et la loi des choses ; or, les meubles sont des choses,
donc ils doivent être régis par la loi des choses, par la
loi réelle du pays où ils se trouvent actuellement.

Au surplus, pourquoi substituer la fiction à la réalité?
Cela offre-t-il quelque avantage? aucun ; le seul résultat
de cette manière de procéder, c'est de compliquer les
rouages des successions. Si pour les successions immobilières on admet la règle : *quot sunt bona diversis territoriis obnoxia, totidem patrimonia intelliguntur*, pourquoi ne
l'admettrait-on pas aussi pour les successions mobilières[1]? On l'admet pour les immeubles, parce que de

---

1. Il a été décidé que l'action en partage d'une succession même
ouverte en pays étranger, dirigée par un Français contre un étranger,
peut être portée devant les tribunaux français, alors même que les
biens de la succéssion, *situés en France, ne consistent qu'en effets mobiliers:* ici ne s'applique pas l'art. 59 du Code de procédure civile,
relatif seulement aux successions ouvertes en France (Cour de Paris,
17 novembre 1834 ; Dalloz, 36, 2, 74.)

fait, ils sont situés dans différentes souverainetés ; or , les meubles sont tout à fait dans le même cas ; à quoi bon leur donner une assiette fictive dans un lieu où ils ne sont pas, tandis que de fait ils ont une situation réelle ?

«Comment donc rejeter la réalité pour admettre «une fiction, alors que cette fiction ne se fonde sur «rien, et de plus ne sert à rien ! Et non-seulement elle «ne sert à rien, mais elle est encore plus incommode «que la réalité même, et elle jette dans des impossi-«bilités qui forcent souvent ses partisans à reculer de-«vant elle. Et, en effet, comment le souverain du pays «du domicile fera-t-il respecter ses lois sur des meu-«bles qui se trouvent hors des pays soumis à sa puis-«sance.

«Est-ce que logiquement le législateur peut com-«mander ce qu'il sait n'avoir pas le pouvoir de faire exé-«cuter ? puisque la soumission des meubles à telle ou «telle loi ne peut jamais être que précaire et instable, «on doit reconnaître la soumission instable à la loi du «pays où ils sont, plutôt que la soumission instable éga-«lement à la loi du domicile.»

La même Cour est revenue plus tard sur cette jurisprudence qui nous paraît la seule vraie, et a jugé que c'est la loi du pays du défunt, et non la loi française, qui régit, quant *aux meubles situés en France,* la succession d'un étranger décédé dans ce dernier pays , alors surtout que non-seulement le défunt n'était pas naturalisé et n'avait pas obtenu le droit d'établir son domicile en France, mais n'avait encore aucun héritier étranger... Par suite il n'appartient pas aux tribunaux français de connaître d'une demande en liquidation et partage d'une telle succession (Cour de Paris, 13 mars 1852 ; Dalloz, 52, 2, 80). Cet arrêt contient une contradiction, en ce que, tout en déniant la juridiction française pour les meubles situés en France, il n'en impose pas moins à l'héritier administrateur l'obligation de fournir caution pour la gestion de ces mêmes biens-meubles situés en France.

«C'est avec le souverain du pays où ils se trouvent
«qu'ils sont réellement en relation, c'est à sa puissance
«que réellement et par le fait ils sont soumis; on ne
«peut donc pas, à moins de règles formelles prises à
«cet égard par les divers législateurs, les déclarer par
«fiction soumis à la volonté d'un autre.» (M. Marcadé,
t. I.er, p. 55-57.)

Voilà la véritable doctrine : elle seule peut prévenir
les froissements des différentes souverainetés. Il est toujours impolitique de mettre en présence deux autori-
tés égales, deux lois entre lesquelles il n'y a pas de supérieur commun.

D'ailleurs, la théorie contraire, qui, malgré son appa-
rente généralité, se restreignait déjà au cas de succession, est encore obligée, sur ce terrain déjà si étroit, de
faire de nouvelles concessions. Ainsi, on reconnaît de
la part de nos adversaires que la règle *mobilia sequuntur
personam* est inapplicable :

1º Quand l'étranger a été autorisé à établir son domicile en France (Cour de Riom, 7 avril 1836; Dalloz,
36, 2, 57).

Il fallait bien admettre cette exception, puisque le
domicile est le point de départ unique du système que
nous attaquons [1].

2º Quand il s'agit de l'exercice du droit de prélève-

---

[1]. La Cour de Paris, par arrêt du 20 novembre 1824, avait jugé
que même dans le cas, où l'étranger était admis à fixer son domicile
en France, sa succession n'en était pas moins réglée par la loi de son
pays, quant aux meubles situés en France; mais la Cour de cassation, par arrêt du 7 novembre 1826, a réformé cette décision, comme
violatrice des art. 13 et 110 du Code Napoléon.

Le système de la Cour de Paris nous semble plus logique que celui
de la Cour suprême, car il repose sur ce principe vrai que l'étranger,
admis à fixer son domicile en France, reste néanmoins soumis à sa
loi personnelle en ce qui concerne sa capacité. C'est la jurisprudence
de la Cour de Bordeaux, arrêt du 16 août 1845 (Dalloz, 47, 2, 45.)

ment autorisé par l'art. 2 de la loi du 14 juillet 1819.

Ce droit, limité aux immeubles, pourrait, en effet, devenir illusoire au grand détriment des héritiers français, qui, frappés d'exclusion par la loi étrangère, se verraient frustrés inévitablement, alors que des valeurs mobilières, peut-être considérables, se trouvent en France à leur portée (Chabot, Des successions sur l'article 726; Demolombe, t. I.er, n° 94.)

M. Rossi (Encyclopédie du Droit, v° Aubaine, n° 17) insiste vivement pour le maintien de ces principes que la jurisprudence elle-même a cru devoir consacrer (Cour de cass., 27 août 1850; Dalloz, 50, 1, 257.)

3° Quant au droit de mutation par décès que perçoit la régie de l'enregistrement sur les transmissions de meubles en France (Cour de cass., 29 août 1837; Dalloz, 37, 1, 447, Cour de cass., 29 août 1848; Dalloz, 49, 1, 103.)

4° En ce que concerne les rentes sur l'État.

Déjà notre ancienne jurisprudence reconnaissait pour les rentes du roi, quand même elles étaient possédées par des étrangers, une assiette fixe dans la ville sur laquelle elles étaient assignées (Loysel, l. IV, tit. I, règle III).

Aujourd'hui, il serait déraisonnable et contraire à la dignité nationale, qu'une loi étrangère quelconque vint imposer aux valeurs françaises des règles tout à fait incompatibles avec notre droit, et atteigne ainsi, dans sa source la plus féconde, notre crédit public.

Il y a même raison de décider pour les actions de la banque de France, de canaux, de chemins de fer, de crédit mobilier et foncier,[1] etc.

Les deux arrêts ci-dessus sont rapportés par M. Dalloz, Répertoire de législation, de doctrine et de jurisprudence, 1851, t. XVIII, v° Droit civil, n° 395.

1. Nous supposons, bien entendu, que ces valeurs n'ont pas

Ces exceptions si nombreuses apportées à la règle *mobilia sequuntur personam* en matière de succession, suffisent pour prouver l'inutilité presque absolue du système de nos adversaires. Aussi pouvons-nous dire que les meubles comme les immeubles doivent être exclusivement régis par la loi de leur situation réelle, soit qu'on les considère individuellement, soit qu'on les considère comme faisant partie de l'universalité du patrimoine.

Telle est la solution que nous adoptons : elle a sur toutes les autres cet avantage incontestable que sa base réside dans les vrais principes de souveraineté.

On pourra sans doute nous reprocher d'avoir trop sacrifié à des idées étroites et mesquines les principes généraux de courtoisie, d'entente cordiale, de bienveillance, de fraternité qui doivent présider aux relations internationales. A cette critique, notre réponse est bien simple : quand on traite un problême de Droit positif, il faut faire abstraction de toutes ces considérations morales et philosophiques, qui, si nous avions à refaire la loi, nous entraîneraient vers la générosité ; il faut surtout éviter, dans un moment d'enthousiasme irréfléchi, de prendre nos aspirations pour la réalité. La froide raison seule doit présider à nos travaux. Or, si impartialement, sans préventions comme sans arrière-pensées, on recherche quelle a été la tendance du législateur français dans les dispositions qu'il a édictées relativement aux étrangers, on verra que partout et toujours c'est la défiance, la défaveur qui l'emportent dans la balance. Il nous suffira de citer au hasard les

été immobilisées, ainsi que l'autorisent le décret du 16 janvier 1808, pour les actions de la Banque de France ; le décret du 1er mars 1808 pour les rentes sur l'État ; le décret des 3 et 16 mars 1810 pour les actions sur les canaux d'Orléans et de Loing.

art. 11, 726, 912 du Code Napoléon, et la loi du 14 juillet 1819.)

Dès lors, pour décider si la règle *mobilia sequuntur personam* pouvait être appliquée de nos jours aux étrangers, devions-nous, comme M. Demolombe, consulter la courtoisie, les convenances réciproques des nations? Non, évidemment, c'eût été de notre part méconnaître et dénaturer l'esprit de nos lois. Nous persistons donc dans notre manière de voir.

DROIT ROMAIN.

De quelques principes généraux sur le caractère et la nature juridique des obligations ex contractu.

«Le Droit romain est la raison civile des sociétés futures.» Ainsi s'exprimait Lemaistre dans un de ses plus beaux mouvements d'éloquence judiciaire (12e plaidoyer). Cette appréciation a trouvé une sympathie générale dans les rangs de nos docteurs modernes, et aujourd'hui c'est presqu'une banalité que de dire : «Le Droit romain est la raison écrite,» définition pleine de grandeur et de justesse que formula pour la première fois Christophe de Thou.

L'un des titres les plus légitimes de ce grand œuvre à l'admiration universelle, dont il a été de tout temps l'objet, c'est sans contredit la *théorie des obligations*.

Quelle puissance de conception , quelle rigueur de dialectique dans cette partie si importante de la Codification Justinienne ! De toutes les législations postérieures, aucune n'a rien fait de mieux ; elles n'ont eu qu'à reproduire les dispositions si sages et si rationelles du Digeste. Dans les temps modernes, des essais de perfectionnement ont été tentés, mais sans succès ; les traditions de l'école des Tribonien, des Papinien, sont toujours le modèle le plus parfait que l'on puisse proposer à la sanction d'un législateur.

Séparation absolue des droits personnels et des droits réels, voilà toute l'économie du système romain. Notre intention n'est pas de discuter et d'établir ici la légitimité rationelle et juridique de cette distinction fondamentale des droits ; il y a longtemps que ce problème n'est plus dans le domaine de la controverse. Qu'il nous suffise de dire en quelques mots ce qu'on entend par droit réel et droit personnel.

Dans tout droit, il y a nécessairement un sujet actif, c'est le créancier ; un sujet passif, c'est le débiteur, et un objet dû. Tels sont les trois éléments indispensables qui constituent un droit, une obligation. Or, de deux choses l'une, ou le créancier peut réclamer l'objet dû à qui que ce soit, ou seulement à un débiteur individuellement déterminé. Dans le premier cas, l'obligation pèse sur l'ensemble des citoyens, sur la société toute entière, et elle consiste dans le devoir négatif pour chacun de ne pas troubler le créancier dans la jouissance qu'il a de la chose objet du droit.

Au second cas, l'obligation astreint une personne individuellement à une prestation : c'est telle personne et non telle autre qui est le sujet passif du droit ; c'est à elle seule que le créancier peut réclamer ce qui lui est dû.

Pour nous résumer, si le débiteur est individuellement déterminé, le droit est personnel : s'il ne l'est pas, le droit est réel.

Dès lors, est-il admissible que les droits personnels et les droits réels puissent se confondre, s'acquérir, par exemple, de la même manière ? Non, évidemment, à Rome, du moins ; la ligne de démarcation y est parfaitement tracée ; pas de confusion possible, surtout lorsqu'on se trouve en face des actions destinées à faire valoir les droits en justice. La *condictio* est le type de l'action personnelle ; dans la *vindicatio*, se personnifie, pour ainsi dire, toute action réelle. L'une implique l'exclusion de l'autre : elles se contredisent mutuellement. Aussi, quand il s'agit d'une action personnelle, l'*intentio* de la formule que le prêteur donne aux parties, contient toujours le nom de l'individu sujet du droit : elle ne le contient jamais, quand il s'agit d'une action réelle.

Partant de là, on ne conçoit pas comment le droit réel pourrait empiéter sur le domaine des droits personnels. Le *corpus juris* consacre un très-petit nombre d'exceptions à cette règle fondamentale. Au cas spécial de vol, la haine des malfaiteurs avait fait admettre le concours simultané de la *vindicatio* et de la *condictio*. Justinien a bien soin d'indiquer le motif de cette décision. *Sic itaque discretis actionibus, certum est non posse actorem suam rem ita ab aliquo petere, si paret eum dare oportere. Nec enim, quod actoris est, id ei dari oporteret ; quia scilicet dari cuiquam id intelligitur, quod ita datur ut ejus fiat, nec res quæ jam actoris est, magis ejus fieri potest. Plane* odio furum, *quo magis pluribus actionibus teneantur, effectum est ut (extra pœnam dupli et quadrupli), rei recipiendæ nomine fures etiam hac actione teneantur, si paret eos dare oportere* (c'est l'action personnelle), *quamvis sit adversus eos etiam hæc in rem actio* (c'est l'action réelle) *per quam rem suam quis esse petit* (Inst. 4, 6, 14).

Ce texte contient à lui seul toute la théorie de la distinction des droits réels et personnels. Pas d'alliance possible entre les deux ordres d'idées ; à chacun sa sphère, à chacun son cortége d'actions propres et spéciales.

La matière des obligations en général a donc l'incontestable mérite de l'homogénéité, de l'unité ; que, si nous
descendons dans les détails, nous retrouverons partout
cette même unité.

On sait que le Digeste admet deux sources principales
d'obligations, les *contrats* et les *délits*. A ces deux sources
primitives viennent s'adjoindre, comme dérivées, des
imitations, des figures variées, qui reproduisent les deux
types originaux ; ce sont les *quasi*-contrats et les *quasi*-
délits. *Obligationes aut ex contractu nascuntur, aut ex maleficio,
aut proprio quodam jure, ex variis causarum figuris* (D. 44, 7,
præm.). En termes plus explicites, les obligations naissent
*ex contractu, quasi ex contractu, ex maleficio et quasi ex male-
ficio* (Inst. 3, 13, 2).

Nous ne nous occuperons que des obligations *ex contractu.*

L'étude critique des contrats romains a toujours été,
à juste titre, l'un des sujets les plus intéressants que
l'on puisse offrir aux méditations du jurisconsulte et du
publiciste. C'est qu'en effet, on y trouve tout le tableau
de la civilisation romaine, avec son cachet spécial, avec
son génie; on y trouve jusqu'à son langage, dans ces
magnifiques formules qui nous sont parvenues.

En suivant pas à pas la filiation des différentes espèces de contrats, on croit assister à chaque épisode de
l'histoire de la ville éternelle, spectacle grandiose, car
il a eu pour théâtre la surface du monde entier.

Tout d'abord, comme chez les peuples dans l'enfance, le droit revêt une forme matérielle, grossière,
sensible, qui frappe l'esprit en passant par les sens ; le
droit tout entier consiste dans des symboles, dans des
formalités sacramentelles. Ainsi, quand je voudrai m'o-
bliger envers un tiers, il faudra de notre part recourir
à une solennité quasi-publique, par laquelle nous noue-
rons le contrat au moyen de signes extérieurs, de pa-

roles officiellement prescrites. C'est le *Nexum* des anciens Romains ; l'obligation se contracte *per æs et libram*, c'est-à-dire par le pesage d'un lingot de métal sur une balance, et par la *Nuncupatio*, c'est-à-dire par la formule obligée.

Dans cette période, le droit (*jus*) se confond avec les idées saintes ; la volonté des parties est placée sous la garantie de la religion qui la consacre. De là cette définition de la jurisprudence : *Jurisprudentia est divinarum rerum atque humanarum notitia...* (Inst. 1, 1, 1). C'est l'époque des fameuses actions de la loi, et aussi du puissant collége des Pontifes-Juges.

La science juridique ne sort pas du seuil du temple ; c'est une science sacerdotale et patricienne, son initiation est tenue secrète. Aussi le droit est strict, rigoureux, inflexible ; telle forme est imposée aux conventions ; en dehors de cette forme, la convention est hors la loi civile ; la puissance publique lui refuse sa protection ; d'un autre côté, la volonté fût-elle contrainte, surprise, tiendra et sera efficace, pourvu qu'elle ait été manifestée d'après le rit prescrit. En un mot, la forme est tout, l'intention rien. La législation est matérialiste.

Mais peu à peu, sous l'influence croissante des idées spiritualistes que développe l'école stoïcienne, le droit se dégage de cette enveloppe épaisse et matérielle qui le couvre. Une première révolution démocratique est timidement tentée par la retraite sur le Mont-Aventin ; la loi des Douze-Tables est publiée ; mais l'aristocratie, par la complication calculée de la procédure, ressaisit le pouvoir qui semble lui échapper. Seconde révolution, mais plus radicale. Le Code Flavien (an de Rome 446) divulgue au grand jour le mystère des actions, des formules ; plus de distinction entre les deux castes ennemies ; leur fusion est décrétée. Le peuple a ses magistrats à lui, ses préteurs, qui veillent au maintien de ces précieuses conquêtes.

Dès lors aussi , un droit nouveau a pris naissance ;
il s'établit parallèlement à l'ancien , car, il faut bien le
remarquer, jamais la loi des Douze-Tables ne fut abo-
lie, elle continua de subsister avec toute sa force exé-
cutoire. Et même, ce respect traditionnel des Romains
pour le premier monument de leur législation, est sans
contredit un des caractères les plus originaux qui les
différencie des autres peuples.

La mission du préteur consiste à aider, à compléter
et à corriger le Droit civil : *adjuvandi, vel supplendi , vel
corrigendi juris civilis gratia* (D. 1, 1, 7, 1). Inutile de dire
qu'avec de semblables attributions, le *jus civile* ne tarda
pas à être supplanté par le *jus honorarium*. Toutefois la
lutte fut longue, mystérieuse, habile surtout de la part
du préteur : il ne heurtera jamais de front les principes rigoureux et stricts de l'*ipsum jus* ; mais, par des
subterfuges habiles, des fictions ingénieuses, il les tem-
pérera par la bonne foi et l'équité ; ainsi, en cas de vio-
lence justifiée sur la volonté du débiteur , le contrat
sera déclaré valable en Droit civil, mais il sera indirectement annulé, au nom de la raison , par un remède
prétorien, par une exception.

D'un autre côté, le préteur supprime peu à peu les
vieilles formules , *antiquæ fabulæ*. Ainsi au *nexum*, type
primitif de l'obligation (et dégénéré plus tard en simple
tradition ou contrat *re*), succède bientôt la stipulation,
c'est-à-dire l'obligation par paroles sacramentelles, mais
sans la livraison réelle de la chose. Plus tard , on va
jusqu'à reconnaître une obligation valable dans l'écriture ; enfin, pour quelques actes tout à fait usuels , la
force juridique est attachée au seul consentement.

Le *nexum*, ou en d'autres termes le contrat *re*, a donc
produit trois dérivés successifs , les contrats *verbis* , les
contrats *litteris* et les contrats *consensu*. Pour les deux
premiers , on comprend comment ils sont descendus

du *nexum* : mais quant aux contrats *consensu,* on ne se l'explique pas aussi facilement ; à ne s'arrêter qu'à la surface des choses, il semble qu'il y a contradiction entre une convention qui n'exige pour sa validité aucune forme spéciale , et une convention qui n'existe que moyennant certaines formalités indispensables. Aussi, pour justifier l'existence du rapport de filiation qui rattache les contrats *consensu* aux contrats *re*, il faut introduire un nouvel élément dans la discussion. Cet élément nouveau , c'est le *jus gentium,* c'est-à-dire le droit, pour ainsi dire naturel, que le *prætor peregrinus* applique aux contestations d'étrangers entre eux, ou d'étrangers et de Romains.

Depuis que toute distinction a disparu entre praticiens et plébéiens, la classe si nombreuse des étrangers s'est fait place ; de leur commerce journalier, de leur frottement continuel avec les citoyens, sont nés de nouveaux besoins; de là l'envahissement progressif du Droit civil par le Droit des gens, envahissement au surplus consacré législativement par l'extension aux Romains de la procédure formulaire, jusque là à l'usage exclusif des pérégrins (An de Rome, 500; loi *æbutia*).

Telle est la déduction historique des quatre classes de contrats.

Toutefois la tendance humanitaire du droit prétorien ne se borne pas à ces améliorations incontestables apportées dans le droit strict; car, il ne faut pas l'oublier, si les obligations *ex contractu* se sont plus ou moins vivement ressenties de l'influence du *jus honorarium,* elles sont toujours demeurées des obligations civiles; mais à côté et en dehors des contrats se trouve une masse énorme de conventions; ces conventions, désignées sous le nom générique de *Pactes,* ont aussi trouvé un appui dans le Droit prétorien (*pacta prætoria*), les constitutions impériales (*pacta legitima*) et jusque dans le Droit civil (*pacta adjecta.*) Un grand nombre de pactes (*pacta vestita*) ont été munis d'action et rendus obligatoires, sans pour cela pouvoir jamais obtenir le titre de contrat. Il n'y a pas jusqu'aux pactes non munis d'action (*pacta nuda*) qui n'aient acquis une certaine efficacité juridique, car, on le sait, les obligations naturelles produisent une exception.

Le contrat est à la convention, ce que l'espèce est au genre. La convention se définit: *Duorum pluriumve in idem placitum consensus* (Dig. 2, 14, 1, 2).[1]

La convention prend le nom de contrat ou de pacte, selon qu'elle est ou qu'elle n'est pas sanctionnée *directement et principalement*[2] par le Droit civil, ou, en d'autres termes, selon qu'elle a ou qu'elle n'a pas la *causa civilis obligandi*[3]? *Cum nulla causa subest propter* (ou mieux *præter*) *conventionem, hic constat non posse constitui obligationem* (D. 2, 14, 7, 4).

La *causa obligandi* n'est pas le motif juridique qui a pu déterminer les parties à s'engager ; ce n'est pas davantage le motif de fait qui les dirige ; car, on le comprend, ce motif de droit ou de fait se rencontre tout aussi bien dans les pactes que dans les contrats. La *causa obligandi* consiste dans le cortége des formalités

---

1. Conventionis verbum generale est, ad omnia pertinens de quibus negotii contrahendi transigendique causa, consentiunt qui inter se agunt: nam sicuti convenire dicuntur qui ex diversis locis in unum colliguntur et veniunt, ita et qui ex diversis animi motibus, in unum consentiunt, id est, in unam sententiam decurrunt (D. 2, 14, 1, 3).

2. Nous disons que le contrat est la convention sanctionnée *directement et principalement* par le Droit civil. Cette condition est rigoureuse, car il y a des conventions, les *pacta adjecta*, qui sont bien sanctionnées par le Droit civil, mais elles ne le sont qu'indirectement, comme accessoires du contrat auquel elles sont attachées.

3. Labeon a donc donné une définition inexacte des contrats, en n'appelant ainsi que les engagements civils dans lesquels il y a obligation réciproque. *Labeo, primo libro prætoris urbani, definit... contractum... ultro citroque obligationem* (D. 50, 16, 19).

sacramentelles , des solennités extrinsèques que la loi exige pour l'existence et la validité de telle ou telle obligation.

Ces solennités varient selon la nature des contrats : dans les contrats *re,* c'est la tradition ; dans les contrats *verbis,* c'est la forme consacrée des paroles ; dans les contrats *litteris,* c'est l'écriture ; enfin , dans les contrats *consensu* seuls, le simple consentement des parties suffit pour constituer l'obligation ; car, il faut bien le re-marquer , dans les trois autres classes de contrats, à côté de la formalité substantielle qui constitue l'essence même de l'obligation, on sous-entend toujours le con-sentement ; mais le consentement à lui seul est impuis-sant pour créer le lien de droit, sauf au cas des con-trats *consensu.*

En dernière analyse, la *causa obligandi* est le sceau de la cité ; elle consacre définitivement la convention des parties, et en fait découler l'obligation dite *optimo jure.*

D'après cela, il est facile de se rendre un compte exact de la définition des obligations donnée par les Institutes : *obligatio est vinculum juris quo necessitate adstrin-gimur, alicujus rei solvendæ, secundum nostræ civitatis jura* (Inst. 3, 13, *præm.*). Cette image, tirée du monde incor-porel, peint bien la nature éminemment incorporelle de l'obligation.

Ainsi, en résumé, la convention est le genre, le con-trat est l'espèce, l'obligation est le résultat du contrat.

Les contrats sont, ainsi qu'on l'a vu, de quatre es-pèces : *Prius est ut de iis quæ ex contractu sunt discipiamus. Harum æque quatuor sunt species : aut re contrahuntur, aut ver-bis, aut litteris, aut consensu* (Inst. 3, 13, 2).

Justinien va plus loin ; il indique, en les spécialisant, le nom et le nombre des contrats que renferme chaque classe.

Ainsi, il y a quatre contrats *re* : ce sont 1° le *mutuum,*

prêt de consommation ; 2° le *commodatum*, prêt à usage ;
3° le *depositum*, dépôt; 4° le *pignus*, gage.

Quant aux contrats *verbis*, il y en avait jadis trois qui
sont : 1° la *dotis dictio*, promesse de dot; 2° la *jurata ope-
rarum promissio liberti*, obligation de services de l'affranchi envers le patron ; 3° la *stipulatio et promissio*, stipulation. Sous Justinien la stipulation seul subsiste.

Les contrats *litteris* se réduisent aux *nomina*, qu'on
appelle aussi *nomina transcriptitia*.

Enfin, il y a quatre contrats *consensu* : 1° l'*emptio ven-
ditio*, vente ; 2° la *localio-conductio*, louage ; 3° la *societas*,
société; 4° le *mandatum*, mandat[1].

Telle est la nomenclature des contrats , telle que la
donnent les textes romains. Cependant il faut y ajouter une classe d'ailleurs assez restreinte de contrats
qu'on appelle *innommés*[2] (*contractus innominati*) et qui sont
des contrats *re*, de telle sorte que, par opposition, on appelle *nommés* les quatre autres contrats *re*, savoir : le
mutuum, le *commodatum*, le *depositum* et le *pignus*.

En dehors de cette liste limitative, toute convention,
tout accord de volonté, ne constitue qu'un pacte.

Nous n'entrerons pas dans l'étude spéciale de chaque
contrat ; ce que nous voulons , c'est faire ressortir les
caractères communs et différents, la nature juridique

1. Nous ne parlons pas de l'*emphytéose*, qui n'a été ajoutée qu'après
coup, par Zénon, à la liste des contrats *consensu*.

2. Les contrats innommés peuvent tous se ramener à l'une des quatre
combinaisons suivantes : *do ut des, facio ut facias, do ut facias, facio ut
des*; ce que l'on formule plus simplement sous cette rubrique *præsto ut
præstes*. — Tous les contrats innommés ont la même action, l'action
præscriptis verbis, qui est une action civile. — De plus, ils admettent
le *jus pœnitendi*, c'est-à-dire le droit de dédit à celui qui accomplit sa
prestation, tandis que l'autre néglige d'accomplir la sienne ; ce *jus
pœnitendi* se manifeste par la *condictio causa data causa non secuta*. —
Les principaux contrats innommés sont la *Permutatio*, échange ; le
Contractus æstimatorius; le *Contractus suffragii*, etc.

des contrats, leur classification la plus générale, etc. Nous voulons, en un mot, montrer l'unité et l'homogénéité de la théorie des obligations *ex contractu.*

Le principe culminant qui plane sur toute la matière et la domine, est celui-ci : Les contrats comme les pactes, les pactes comme les contrats, ne produisent jamais que des obligations, des droits personnels, des *jura ad rem.* Le contrat crée, modifie ou éteint une obligation ; dans aucun cas, il n'a l'énergie de transférer la propriété. En un mot, si nous voulons nous servir d'un langage, qui pour n'être pas tout à fait romain, n'en est pas moins expressif et juste, le contrat est un *titulus ad acquirendum dominium* et non un *modus acquirendi dominii.*

Tel est le point de départ des Institutes. Le *titulus* est la cause juridique en vertu de laquelle la propriété est déplacée. Le *modus* ou moyen, est le fait matériel par lequel ce déplacement de la propriété est consommé.

Le titre, au cas qui nous occupe, c'est le contrat; il donne le *jus ad rem;* le mode, c'est la tradition, elle donne le *jus in re.*

A l'aide de ces notions si simples, il nous sera facile de relever une erreur manifeste de principes qui s'est glissée dans la Codification Justinienne. *Est aliud genus adquisitionis, scilicet donatio,* disent les Institutes en traitant des donations (2, 7, proem.). Cela est faux, car la donation est un pacte, et même un *pactum legitimum;* donc, en nous reportant à notre *criterium,* nous dirons qu'un pacte pas plus qu'un contrat ne pouvant transférer la propriété, la donation n'est qu'un *titulus ad adquirendum dominium,* et non un *modus* ou un *genus adquirendi dominii;* ce qui deviendra plus palpable encore, quand on réfléchira que l'action attachée à la donation est la *condictio ex lege.*

L'économie du système romain en ce qui concerne
la séparation de la créance et du droit de domaine, nous
paraît la seule logique. Évidemment, l'obligation et le
transport de la propriété sont choses diverses de leur
nature. La volonté est un être incorporel; son rôle est
spiritualiste; elle est insaisissable et occulte pour les
tiers, qui ne sont pas avertis de son existence par un
signe extérieur et visible; donc, que l'accord des parties les oblige personnellement l'une à l'égard de l'autre,
rien de mieux; mais que cet accord oblige aussi les
tiers, non parties au contrat, voilà ce que la saine raison repousse.

L'obligation appartient à l'ordre intellectuel, car
c'est un lien qui ne peut être ni vu ni apprécié par les
sens; la translation de propriété est un fait de l'ordre
physique, qui doit être réalisé par un acte matériel.
Ce sera un éternel honneur pour Rome que d'avoir su
maintenir cette distinction.

Aussi, sous ce rapport, le Digeste doit-il être cité
comme un modèle à suivre. Nous lui trouvons encore
un grand mérite; c'est d'avoir su maintenir et conserver intactes les proportions qui doivent se rencontrer
dans toute bonne œuvre législative. Le souverain, lorsqu'il fait un Code, ne doit nullement s'arrêter à établir
un cadre scientifique, à poser des règles générales, des
classifications dogmatiques. Il érige seulement en pré-
ceptes obligatoires, les conséquences des principes qui
lui servent de point de départ, et qu'il sous-entend. Il
évite surtout d'inscrire dans la loi des divisions méthodiques qui sont du ressort exclusif de la doctrine. Justinien a eu, en traitant le sujet qui nous occupe, le
rare bonheur de se renfermer dans ces justes limites.

Des principes généraux, il n'en formule pas; des divisions méthodiques, pas davantage: on trouve bien
une classification des contrats en contrats *re, verbis lit-*

teris et consensu; mais elle tient à la substance même des obligations, puisque, comme nous l'avons vu, hors de ces quatre catégories, il n'y a pas de convention approuvée et reconnue directement par le droit quiritaire. Il fallait donc bien énoncer cette classification.

Mais lorsque le législateur a terminé sa tâche, l'œuvre de la doctrine commence; c'est à elle à coordonner en un système logique et complet, l'ensemble des dispositions réglementaires jetées çà et là dans le Code; c'est à elle à y mettre l'unité, au moyen de divisions claires et pratiques.

Or, la science a constaté que tous les contrats romains peuvent se ranger dans deux classes bien distinctes : Contrats unilatéraux et contrats bilatéraux ou synallagmatiques. A cette division correspond (comme nous le verrons plus tard) cette autre classification des contrats, en contrats *stricti juris* et contrats *bonœ fidei.*

Qu'est-ce qu'un contrat unilatéral? C'est celui dans lequel une ou plusieurs personnes s'engagent envers une ou plusieurs autres, sans que de la part de celles-ci, il y ait engagement. En d'autres termes, il y a contrat unilatéral toutes les fois que l'obligation n'existe que d'un seul côté. Ainsi, en cas de *mutuum, de stipulatio,* etc.

Le contrat bilatéral ou synallagmatique est celui dans lequel les contractants s'obligent les uns envers les autres. Tels sont; le *commodatum, l'emptio-venditio,* etc.

Pour les contrats bilatéraux, il y a une distinction à faire :

1° Ou bien la réciprocité des engagements (*ultro citroque)* naît immédiatement, et coïncide avec la formation du contrat. Alors le contrat est, comme on dit en doctrine, parfaitement synallagmatique. Ainsi, dans la vente, dès qu'elle est arrêtée entre les parties, le vendeur est immédiatement tenu à la livraison, et l'acheteur au payement du prix.

2° Ou bien, la réciprocité des engagements n'existe pas au moment même où le lien de droit est noué; une seule des parties est immédiatement liée, l'autre ne le sera que *ex post facto*, par suite d'événements ultérieurs, ou même ne le sera à aucune époque. Ainsi, dans le *commodat*, le commodataire seul est tenu *ab origine* de restituer la chose prêtée: le commodant ne sera obligé que par des circonstances postérieures (découlant toutefois du contrat), telles que sa fraude, sa mauvaise foi, etc. Quelquefois même, il ne sera jamais obligé, si ces accidents ne se présentent pas.

Telle est la grande classification dans laquelle doivent venir se fondre toutes les autres.[1] Aucune n'est plus générale, et elle a l'avantage incontestable de permettre à l'esprit d'embrasser d'une manière complète la théorie des obligations contractuelles, et la théorie des actions qui s'y rattachent.

Les divers contrats se distribuent facilement dans chacune de ces deux classes.

Les contrats *unilatéraux* sont:

I. Parmi les contrats *re*, le *mutuum*.

II. Les contrats *verbis*.

III. Les contrats *litteris*.

Tous les autres sont *synallagmatiques*. Mais les uns sont *parfaitement synallagmatiques*. Voici leur énumération: *l'emptio-venditio*, la *locatio-conductio*, et la *societas*, c'est-à-dire tous les contrats *consensu* moins un (le *mandatum*).

Les contrats *imparfaitement synallagmatiques* sont:

I. Parmi les contrats *re*, le *commodatum*, le *depositum* et le *pignus*.

II. Parmi les contrats *consensu*, le *mandatum*.

Quant aux contrats *re* innommés, ils sont parfaitement synallagmiques.

---

1. Les textes y font quelques allusions (D. 50, 16, 19 *et passim*).

Indépendamment de cette division si facile à saisir, il y a un moyen bien simple de déterminer à première vue, si un contrat est unilatéral ou synallagmatique, soit parfait, soit imparfait. Ce moyen c'est la seule inspection de l'action ; nous sommes ainsi tout naturellement appelés à dire pourquoi la division des contrats en *bonæ fidei* et *stricti juris* correspond parfaitement à celle qui nous occupe.

Le caractère distinctif de tout contrat consiste en ce qu'il a été muni d'une action spéciale par la loi civile. Cette action est la même pour tous les contrats du vieux droit des *quirites;* on la nomme *condictio ;* au contraire, chaque contrat du nouveau droit a une action tirée de son nom; ainsi le *mandatum* a l'action *mandati ;* l'*emptio-venditio*, l'action *empti-venditi*, etc.

La *condictio,* dans les premiers temps de la République, était la seule action personnelle, tout comme dans la *vindicatio* se personnifiait l'action réelle par excellence. C'est assez dire que la *condictio* participait du caractère égoïste et étroit des institutions de cette époque. Action de droit strict, elle est la même pour tout contrat de droit strict, pour tout contrat unilatéral, c'est-à-dire pour le *mutuum*[1], le contrat *verbis*[2] et le contrat *litteris*[3]. Une seule partie est liée, partant une seule action; si, par suite du contrat, le débiteur a quelque réclamation ou contre-prétention à élever contre son créancier, il ne pourra faire valoir ces moyens par une action résultant du contrat : il devra se laisser condamner en vertu de la *condictio*, sauf à se

---

1. Et ex eo contractu (le *mutuum)* nascitur actio quæ vocatur condictio. (Inst. 3, 14, prœm.)

2. Ex qua duæ proficiscuntur actiones (la *verborum obligatio*), tam condictio si certa sit stipulatio, quam ex stipulatu si incerta. (Inst. 3, 15, prœm.)

3. Et ex ea (la *scriptura)* nascitur condictio. (Inst. 3, 21, loi unic.)

prévaloir en temps utile de remèdes extrinsèques[1]. Encore n'a-t-on pas pu de tout temps invoquer le bénéfice de ces *remedia juris;* sous le véritable Droit romain, l'individu recherché par la *condictio* à raison d'un contrat unilatéral régulier quant à la forme, ne pouvait, sous aucun prétexte, arrêter ou neutraliser l'effet nécessaire de cette action. De deux choses l'une, ou on était obligé d'après le Droit civil, ou on ne l'était pas du tout; quand on était tenu civilement, aucune considération ne pouvait dégager le débiteur. *Quid est in judicio?* dit Cicéron ; *directum, asperum, simplex* (Cicéron, *pro Roscio, cap.* 4). L'obligation doit être exécutée à la lettre, sans aucun tempérament. *Dura lex, sed lex.*

Dans les contrats, la *condictio* prend le nom de *condictio certi* quand l'objet dû est certain, déterminé ; dans le cas contraire, on l'appelle *condictio incerti* ou action *ex stipulatu.* (Inst. 3 , 15 , proem.)

---

1. Les textes sont formels à ce sujet. Ainsi, quant à la stipulation, Justinien dit :

Verbi gratia, si metu coactus, aut dolo inductus, aut errore lapsus, stipulanti Titio promisisti quod non debueras promittere, palam est *jure civili te obligatum esse;* et actio qua intenditur te dare oportere, efficax est; sed iniquum est te condemnari ideoque tibi datur exceptio metus causa, aut doli mali, aut in factum composita, ad impugnandam actionem (Inst. 4, 13, 1).

Idem juris est, si quis quasi credendi causa pecuniam stipulatus fuerit, neque numeraverit.

Nam eam pecuniam a te petere posse eum certum est : *dare enim te oportet,* cum ex stipulato tenearis. Sed quia iniquum est eo nomine te condemnari, placet par exceptionem pecuniæ non numeratæ te defendi debere. (Inst. 4, 13, 2.)

Præterea debitor, si pactus fuerit cum creditore ne a se peteretur, *nihilominus obligatus manet,* quia pacto convento obligationes non omnimodo dissolvuntur. Qua de causa, efficax est adversus eum actio qua actor intendit, si paret eum dare oportere ; sed quia iniquum est contra pactionem eum condemnari, defenditur per exceptionem pacti conventi (Inst. 4, 13, 3).

Il y a encore d'autres cas analogues (Inst. 4, 13, 4 et 5).

Ainsi , le terme *condictio* [1], appliqué aux obligations contractuelles, fait immédiatement naître dans l'esprit cette idée qu'on est en présence d'une action *stricti juris*, d'un contrat unilatéral.

Pas de difficulté à ce sujet; il n'y en a pas plus en ce qui concerne les actions des contrats bilatéraux ou *bonæ fidei*. Elles ont pris place dans le Droit civil de Rome avec l'institution de la magistrature prétorienne; en les créant et en les organisant sur une large échelle, le préteur faisait un noble usage du pouvoir qui lui était confié de corriger et d'adoucir la rigueur de l'ancienne législation. Les contrats bilatéraux ou *bonæ fidei* sont donc de beaucoup postérieurs aux contrats unilatéraux ou *stricti juris*.

Pour vérifier par l'inspection de l'action si le contrat est *bonæ fidei*, rien de plus simple; toutes les fois que cette action ne sera pas une *condictio*, on pourra affirmer que le contrat est à la fois bilatéral et *bonæ fidei*. Le seul embarras est de s'assurer si l'obligation est parfaitement ou imparfaitement synallagmatique. Ici encore il faut se reporter aux notions précédentes. Puisque dans l'obligation parfaitement synallagmatique, il y a réciprocité immédiate et instantanée d'engagement, il est clair que chaque partie doit avoir une action directe contre l'autre, une action *utrinque directa*: Ainsi, dans l'*emptio-venditio*, il y a l'action *empti-venditi*, etc.

D'un autre côté, puisque dans le contrat imparfaitement synallagmatique il n'y a *ab origine* d'engagement que d'un seul côté, il n'y aura non plus qu'une action au profit du créancier contre le débiteur; mais comme *ex post facto*, il peut naître une obligation à la charge

---

1. La *condictio incerti* ou *Actio ex stipulatu* n'était *bonæ fidei* que quand elle avait lieu pour la répétition de la dot; c'est parce qu'elle avait été substituée à l'action *rei uxoriæ* qui était de bonne foi. (Inst. 4, 6, 29).

du créancier, à ce moment naîtra aussi une action subsidiaire. La première se nomme *directa*, la seconde *contraria*. Exemple : *Actio mandati directa et contraria, etc.*

Il y a une énorme différence entre le contrat unilatéral et le contrat imparfaitement synallagmatique,
lors même que ce dernier ne produit pas l'action *contraria*. En effet, l'absence d'une seconde action est de
l'essence du contrat unilatéral qui est toujours *stricti
juris* : cette absence n'est, au contraire, qu'un accident
dans le contrat imparfaitement synallagmatique, qui
est d'ailleurs toujours *bonæ fidei*.

Le contrat *bonæ fidei* est celui dont l'interprétation et
l'exécution sont appréciées par le juge d'après les
principes de l'équité : *item in his contractibus; alter alteri obligatur in id quod alterum alteri ex bono et æquo præstare
oportet* (Inst. 3, 23, *proem.*) *In bonæ fidei autem judiciis,
libera potestas permitti videtur judici ex æquo et bono æstimandi
quantum actori restitui debeat* (Inst. 4, 6, 30). *Quid est in arbitrio? mite, moderatum, quantum æquius melius id dari* (Cicéron, *pro Roscio*, cap. 4).

Dans un contrat unilatéral, quand le débiteur a des
réclamations ou répétions à faire valoir, il est obligé
de recourir à des *remedia juris* en dehors du contrat et
de la *condictio*. S'agit-il, au contraire, d'une obligation
synallagmatique *bonæ fidei*, on n'est pas forcé d'invoquer le secours de moyens extrinsèques. La convention renferme *in se* tout remède de droit sanctionné
par la bonne foi et l'équité. Chaque conséquence, découlant soit médiatement soit immédiatement du contrat, peut être poursuivie et obtenue par l'action résultant de ce contrat.

Justinien, en donnant l'énumération des actions
bonæ fidei, y comprend toutes les actions attachées
aux contrats synallagmatiques parfaits ou imparfaits
Bonæ fidei sunt hæ : ex empto-vendito, locato-conducto .....

mandati, depositi, pro socio…. commodati, pigneratitia…præscriptis verbis quæ de æstimato proponitur et ea quæ ex permutatione competit (contrats innommés)….. (Inst. 4, 6, 28).

Telles sont les considérations générales que nous voulions présenter sur la nature et le caractère des obligations *ex contractu* : nous indiquerons encore quelques-unes de leurs conséquences.

Les notions exposées plus haut sur la différence des droits réels et des droits personnels, expliquent une particularité juridique qui, au premier abord, choque l'esprit. A Rome, la vente de la chose d'autrui est valable : *rem alienam distrahere quem posse, nulla dubitatio est* (D. 18, 1, 28). Au contraire, l'hypothèque de la chose d'autrui est nulle : *In vindicatione pignoris quæritur, an rem, de qua actum est, possideat is cum quo actum est* (D. 20, 1, 16, 3).

D'où vient cette différence? c'est que la vente est un contrat, simplement productif d'obligations. *Tenetur venditor ut rem emptori habere liceat, non etiam ut ejus faciat* (D. 19, 1. 30, 1). *Qui vendidit non necesse habet fundum emptoris facere, ut cogitur qui fundum stipulanti spopondit* (D. 18, 1, 25, 1). Partant de là, l'acheteur (de la chose d'autrui), tant qu'il ne souffre pas de l'éviction, ne peut, sauf le cas de dol (D. 19, 1, 30, 1), rien réclamer à son auteur. *Qui rem emit et post possidet, quamdiu evicta non est, auctorem suum propterea quod aliena….. res dicatur, convenire non potest* (C. 8, 45, 3).

Pour l'hypothèque il en est autrement. En effet, l'hypothèque et un droit réel, un *jus in re* ; donc, pour pouvoir hypothéquer une chose, concéder sur elle un droit réel, il faut en être propriétaire. Donc l'hypothèque de la chose d'autrui est nulle.

Quelques mots encore sur un caractère commun à tous les contrats romains, sauf aux contrats *consensu*.

Les contrats *re, verbis et litteris* constituent des *actus*

93

legitimi; les quatres contrats *consensu* sont des actes non
légitimes : Justinien indique succintement la différence
de ces deux sortes d'actes. *Consensu fiunt obligationes......*
Ideo autem istis modis consensu dicitur obligatio contrahi,
quia neque scriptura neque præsentia omni modo opus est,
ac nec dari quidquam necesse est ut subtantiam capiat obli-
gatio. Sed sufficit eos qui negotia gerunt consentire. Unde
inter absentes quoque talia negocia contrahuntur, veluti per
epistolam, vel per nuntium. (Inst. 3, 22, unic.)

Voilà en termes clairs et démonstratifs ce que c'est
qu'un *Actus Legitimus*. C'est celui qui ne peut être fait
qu'entre citoyens romains et entre présents. Il n'admet
ni mandataire, ni messager, ni correspondance écrite :
il faut la présence réelle et simultanée des contractants.
Les gestes, les paroles prescrites, doivent, à peine de
nullité du contrat, émaner du contractant lui-même ;
aussi la créance ne peut-elle être cédée, car elle est
attachée *ut lepra cuti*, à celui qui a paru dans l'acte.[1] La
stipulation était l'*Actus Legitimus* par excellence (Paul.
Sentent. 2, 3.)

Les contrats du Droit des gens, c'est-à-dire les contrats *consensu*, ne pouvaient être astreints aux conditions
rigoureuses des *actus legitimi*. Leur forme est abandonnée au caprice des parties.

Ainsi à Rome, tout contrat est solennel, voilà la
règle ; la non-solennité est l'exception.

Mais pourquoi la volonté des contractants était-elle
comme emprisonnée dans un cercle de formalités sacramentelles, de pantomimes obligatoires ? On en donne
deux raisons principales :

La première, nous l'avons déjà indiquée. La publica-
tion de la loi des Douze-Tables avait dévoilé au grand

1. Cependant on sait que le *paterfamilias* était représenté légalement,
quant à sa personnalité juridique, par ses fils de famille et ses es-
claves (Inst., 3, 17).

jour le mystère de l'antique procédure; l'aristocratie sacerdotale et patricienne était vaincue ; aussi, pour comprimer le premier élan de l'émancipation démocratique, pour ressaisir un lambeau de cette puissance qui lui échappait, elle prit un malin plaisir à multiplier les formules, les actions, les symboles, en ayant soin d'attacher la déchéance du droit lui-même à l'inobservation de la moindre parole, du moindre geste prescrit. De cette façon, le peuple, dégouté de tous ces ambages, de tous ces détours, dut abandonner bientôt l'exercice du pouvoir judiciaire et l'étude de la loi.

D'autres jurisconsultes ne voient dans la complication du système des contrats qu'un moyen d'impressionner vivement l'esprit des parties, en frappant leurs sens. Cela était indispensable, disent-ils, dans un pays où le créancier avait des droits si exorbitants sur la personne physique de son débiteur; car le sens horrible du fameux *partes secanto* de la loi des Douze-Tables, n'était que trop réel. Il était donc utile de rendre les parties bien attentives à la portée des engagements par elles souscrits, et ce but était merveilleusement atteint par l'emploi forcé de formalités, de paroles obligatoires, qui matérialisaient pour ainsi dire et donnaient un corps palpable à la volonté humaine.

PROPOSITIONS.

DROIT ROMAIN.

1° La loi 41 au Digeste, *de pignoratitia actione* (D. 13, 7, 41) et la loi 22 au Digeste, *de pignoribus et hypothecis* (D. 20, 1, 22), sont inconciliables.

2° Il n'y a aucune antinomie entre la loi 16, § 2, au Digeste, *de pignoribus et hypothecis* (D. 20, 1, 16, 2) et la loi 18, § 3, au Digeste, *de pignoratitia actione* (D. 13, 7, 18, 3.)

3° En matière d'usucapion, le *justus titulus* n'est exigé que comme élément de la bonne foi, et non pas comme condition distincte de la bonne foi.

4° Les *justæ nuptiæ* n'exigent que le consentement sans la tradition.

DROIT CIVIL FRANÇAIS.

1° La dot mobilière est aliénable.

2° La prescription de dix ans édictée par l'art. 1304 du Code Napoléon ne s'applique que 1° aux actions en nullité ou en rescision *qui dérivent des contrats ;* 2° aux actions que peuvent faire valoir les *parties contractantes à propos du contrat.*

Ainsi l'art. 1304 ne s'applique pas 1° à l'action en nullité contre une acceptation de succession au cas de l'art. 783 du Code Napoléon ; 2° à l'action paulienne (C. Nap., art. 1167).

3° Il n'y a pas contradiction entre l'art. 335 du Code

Napoléon, qui prohibe expressément la reconnaissance volontaire ou forcée des enfants incestueux ou adultérins, et l'art. 762 du même Code, qui accorde des aliments à ces enfants.

4° Les donations entre-vifs déguisées sous la forme de contrats à titre onéreux sont nulles.

DROIT CRIMINEL.

1° Les lois de procédure, de juridiction et de compétence sont immédiatement applicables même aux faits antérieurs; c'est là un effet non de rétroactivité, mais d'actualité.

2° Bien qu'aux termes de l'art. 67 de la loi du 15 avril 1829, la répression des délits de pêche commis au préjudice des particuliers, doive être poursuivie au nom et à la diligence des parties intéressées, le ministère public a néanmoins le droit de poursuivre d'office les délits de cette nature.

DROIT PUBLIC.

1° Le refus de sépulture ecclésiastique ne peut donner lieu contre le ministre du culte à l'appel comme d'abus.

2° L'extradition des malfaiteurs, en matière de délits communs, est fondée en droit.

Vu par le président de la thèse, ce 26 janvier 1854.
ESCHBACH.

Vu par le doyen soussigné : C. AUBRY.

Vu par le Recteur de l'Académie,

AL. DONNÉ.

FIN.

9 782019 632854